Entretien avec M. de Sacy sur Épictète et Montaigne

PASCAL

Entretien avec M. de Sacy sur Épictète et Montaigne

ORIGINAL INÉDIT

Texte établi, présenté et annoté par
Pascale Mengotti-Thouvenin et Jean Mesnard

« Les Carnets DDB »
DESCLÉE DE BROUWER

76 *bis*, rue des Saints-Pères, 75007 Paris
ISBN 2-220-03473-9
ISSN 1243-1346

AVANT-PROPOS

Une édition est une œuvre vivante. Elle apporte son lot de recherches et de découvertes; mais elle doit être prête à en assimiler d'autres. C'est bien dans cet esprit qu'a été conçue l'édition des Œuvres complètes *de Pascal dans la* « Bibliothèque Européenne ». *Elle a fait connaître une abondante documentation inédite. Elle a, par le recours à des sources nouvelles, injustement sous-estimées ou mal interprétées, renouvelé, par exemple, le texte et la présentation d'œuvres aussi importantes que la correspondance de Pascal avec le P. Noël et avec Le Pailleur sur le vide, que le* Traité du triangle arithmétique, *que les* Écrits sur la grâce, *que la* Prière pour demander à Dieu le bon usage des maladies. *Des lacunes n'en subsistaient pas moins, les unes insoupçonnables, et que le hasard a fait découvrir tout en les éliminant, les autres parfaitement cernées, mais qu'aucune recherche n'avait permis de combler.*

A cette dernière catégorie appartenaient les Mémoires *originaux de l'ancien solitaire de Port-Royal Nicolas Fontaine, dans lesquels se trouvait enchâssé l'*Entretien avec Monsieur de Sacy sur Épictète et Montaigne. *Plusieurs copies en sont venues à nous; mais leur texte offre des variantes très nombreuses, il est visiblement corrompu par endroits, énigmatique ailleurs, et, malgré le talent déployé par de grands éditeurs, il n'a pas été possible de reconstituer de façon sûre leur original. Or, préparant une édition critique des* Mémoires *de Fontaine sous la direction de son maître Marie-Thérèse Hipp, Pascale Mengotti, jeune pofesseur et chercheur de Nancy, et déjà mère de famille nombreuse, a eu l'immense mérite de découvrir à la bibliothèque de l'Institut de France — ô ironie ! — un manuscrit totalement inconnu de ces* Mémoires, *qu'elle a entièrement transcrit, faisant ainsi ressortir, dans les copies précédemment connues, nombre d'erreurs et de lacunes, et se mettant en mesure de proposer des leçons incomparablement meilleures. Ces différences affectaient au premier chef l'*Entretien avec Monsieur de Sacy, *dont une nouvelle édition apparaissait nécessaire. Mais ce n'était pas tout : le manuscrit de l'Institut n'était autre que l'original autographe de Fontaine, considéré jusque-là, soit comme perdu, soit comme enfoui dans une collection particulière. Son histoire sera retracée par Pascale Mengotti dans son édition des* Mémoires. *Nous-même remanierons notre édition de l'*Entretien *au tome VII des* Œuvres complètes, *dans la section* « Retouches et compléments ». *En attendant, nous avons jugé l'un et l'autre qu'il ne fallait pas différer l'événement que constitue la présentation au public de ce texte nouveau, seul authentique et devenu encore plus éblouissant.*

L'édition que nous en proposons sous notre double responsabilité a été établie avec la plus grande rigueur; mais elle donne d'autant moins lieu à l'établissement d'un apparat critique que la possession de l'original ôte toute valeur aux copies. Nous relevons seulement, dans un Appendice, les leçons nouvelles les plus intéressantes, en les confrontant au texte publié au tome III de l'édition des Œuvres complètes, *et en soulignant leur portée. Notre commentaire s'est voulu très sobre; il indique toutefois les références nécessaires aux passages d'Épictète, de Montaigne et de saint Augustin, en insistant sur les nouveaux rapprochements rendus possibles par le recours au manuscrit original. La* Présentation *initiale fait l'économie de tout excès d'érudition; mais elle s'impose de mettre le lecteur au courant des problèmes soulevés par ce texte capital : justifications et compléments éventuels seront apportés par les publications ci-dessus annoncées.*

Et maintenant, il faut se convaincre que la présente édition, si supérieure qu'elle soit aux précédentes, pourrait encore être dépassée. Il suffirait que fût retrouvé l'écrit de Pascal que Fontaine avait manifestement sous les yeux lorsqu'il a composé ce morceau exceptionnel de ses Mémoires. *Mais pour y parvenir, une recherche méthodique, comme celle dont Pascale Mengotti a donné le magnifique exemple, ne saurait plus suffire; il faudrait bénéficier d'une chance en laquelle on peut seulement espérer.*

Jean MESNARD

PRÉSENTATION

Le nom d'*Entretien de Pascal avec Monsieur de Sacy sur Épictète et Montaigne*, ou un autre analogue, est couramment attribué à un morceau découpé dans les *Mémoires* de Nicolas Fontaine, solitaire de Port-Royal, maître aux « petites écoles » et secrétaire de Le Maistre de Sacy. L'auteur y met en présence l'homme du monde récemment converti, en retraite à Port-Royal des Champs, qui confronte ses lectures profanes à la vérité chrétienne, et le prêtre membre de la communauté des solitaires, nourri de saint Augustin et refusant tout autre maître. Non seulement le récit de cette conversation forme un document très précieux, même s'il n'est pas à prendre à la lettre, mais les propos placés dans la bouche du converti, par leur profondeur, par leur densité, par leur éclat, par les rapports qu'ils entretiennent avec certains thèmes des *Pensées*, ont toujours été considérés comme dignes de figurer parmi les œuvres personnelles de Pascal et même d'en constituer l'une des plus belles pièces. Conviction que la présente édition ne fera que renforcer.

Mais l'œuvre est aussi des plus énigmatiques. Quelle est son origine? de quelle documentation disposait le petit personnage qu'était Fontaine pour composer un morceau d'une telle envergure?

Puisque l'opuscule roule tout entier sur la lecture et l'interprétation de trois auteurs, Épictète, Montaigne, saint Augustin, comment repérer citations et allusions et en expliquer la mise en œuvre?

Quelle est la date des propos de Pascal? quelle place occupent-ils dans son évolution intellectuelle? quels rapports entretiennent-ils avec les thèmes analogues des *Pensées*?

Et d'abord, à travers la masse des manuscrits et des éditions que nous en possédons et par-delà leurs divergences, comment établir un texte correct de l'*Entretien*?

I. LE TEXTE INTROUVABLE

L'histoire des éditions et des manuscrits de l'*Entretien*, celle aussi des recherches critiques, souvent très brillantes, qui la ponctuent pourraient donner matière à un véritable roman. Un roman que la présente édition conduit peut-être à son ultime dénouement, en tout cas, à un terme fort éloigné de ceux qui avaient été précédemment atteints.

Le public ne connut d'abord, et jusque vers la fin du XIXᵉ siècle, que des textes imprimés, dont les sources lui échappaient. Pendant cette longue période, l'œuvre ne fut pas moins publiée sous plusieurs versions et subit de nombreux remaniements.

La première édition fut procurée en 1728 par le P. Desmolets, bibliothécaire de l'Oratoire, au tome V de la série intitulée *Continuation des Mémoires de littérature et d'histoire*. L'opuscule y figurait sous le titre *Entretien de M. Pascal et de M. de Sacy sur la lecture d'Épictète et de Montaigne*. Grand émoi chez la dernière héritière de Pascal, sa nièce Marguerite Périer, la miraculée de la Sainte-Épine, qui veillait jalousement sur la mémoire de son oncle. Elle ignorait totalement l'existence de cet écrit, dont il ne restait pas trace dans les papiers de sa famille. Elle consulta l'homme alors le mieux informé sur l'histoire de Port-Royal, l'abbé d'Étémare. Elle en apprit que l'*Entretien* appartenait aux *Mémoires*, encore inédits, de Fontaine[1].

La seconde édition parut en 1736, cette fois au sein de l'ensemble des *Mémoires*, mis au jour pour la première fois par les soins de l'ancien secrétaire de M. de Tillemont, Michel Tronchai. Entre les deux versions ainsi livrées au public il est aisé de relever des différences nombreuses, imputables à la méthode particulière de chaque éditeur, mais sans doute aussi à l'emploi de manuscrits distincts.

1. Cette lettre sera publiée au tome VII de l'édition de PASCAL, *Œuvres complètes*, Bibliothèque européenne, Paris, Desclée de Brouwer. L'essentiel s'en trouve déjà dans PASCAL, *Œuvres*, éd. Brunschvicg-Boutroux-Gazier, t. IV, Paris, Hachette, 1914, pp. 23-24.

L'écrit fut évidemment remarqué : il fut publié de nouveau à plusieurs reprises dès le XVIIIe siècle. Mais, fait curieux, quoique la collection des *Mémoires de littérature et d'histoire* fût fort répandue dans le monde lettré, c'est toujours à Tronchai que, directement ou indirectement, pendant plus d'un siècle, les éditeurs s'adressèrent. Le fait n'a rien de surprenant de la part du bénédictin janséniste dom Clémencet, qui s'était souvent inspiré des *Mémoires* de Fontaine pour son *Histoire générale de Port-Royal*. En appendice au tome IV de cette *Histoire*, publié en 1756, il donna ce qu'il appelait l'*Entretien de M. de Sacy et de M. Pascal sur les philosophes Épictète et Montaigne*, dans un texte conforme à celui de Tronchai, sauf pour quelques passages abrégés ou coupés, lors des interventions de Sacy. Il est plus étonnant de voir, dès 1740, l'éditeur de Montaigne, Pierre Coste, puiser à la même source, pour son *Supplément aux Essais*, la substance d'un écrit attribué au « célèbre M. Pascal » et intitulé *Caractère et comparaison d'Épictète et de Montaigne*. Écrit obtenu par la suppression totale du rôle de M. de Sacy, entraînant de nombreuses retouches de détail : les articulations du discours de Pascal, qui ressortent alors avec une particulière netteté, sont soulignées par une série de sous-titres : *Caractère d'Épictète, Caractère de Montaigne, Comparaison d'Épictète et de Montaigne, Conciliation des deux systèmes, Conclusion*. Cette édition, pratiquement inconnue jusqu'ici, occupe dans l'histoire de l'*Entretien* une place tout à fait inattendue.

C'est en effet, avec seulement quelques retouches

de style, le texte de Pierre Coste dont Condorcet, en 1776, forma l'article X de son édition des *Pensées*. Le titre qu'il assigne à l'article, *Sur Épictète et Montaigne*, est doublé, aussitôt après, par celui qu'il emprunte à sa source, *Caractère et Comparaison d'Épictète et de Montaigne*; tous les sous-titres sont également repris. L'originalité de Condorcet se limite à l'insertion parmi les *Pensées* d'un écrit qui en était d'abord tout à fait indépendant. L'abbé Bossut, en 1779, suivit en grande partie l'exemple de son prédécesseur. L'article X de Condorcet devint, dans sa propre édition des *Pensées*, l'article XI de la Première Partie. Il ne gardait toutefois que le titre *Sur Épictète et Montaigne* et supprimait tous les sous-titres, leur substituant de simples numéros, I à V. De plus, il empruntait nombre de variantes à Desmolets. Comme l'édition Bossut servit de modèle à toutes celles qui se publièrent jusqu'en 1842, on voit de quelle longue faveur jouit le travail de Pierre Coste.

Cette production artificielle devait être condamnée lorsque, en 1842, le fameux *Rapport* de Victor Cousin à l'Académie eut imposé aux futurs éditeurs de Pascal la loi de la rigueur et de l'exactitude. Le premier, Faugère s'y plia en 1844. Il publia un texte intégral de l'*Entretien*, non sans diminuer le rôle de Sacy en lui attribuant des caractères plus petits. En même temps, quoiqu'il joignît l'opuscule aux *Pensées*, il lui restituait son autonomie. Cependant Faugère ne faisait que revenir au texte original sur lequel avait travaillé Pierre Coste, celui de Tronchai, et il n'en mettait nullement en question la valeur.

Le problème critique de l'établissement du texte fut envisagé pour la première fois par Havet, qui lui donna deux solutions successives, au fur et à mesure des transformations que subissait son édition des *Pensées*. En 1852, il institua simplement une comparaison entre les deux versions originales de l'*Entretien*, celle de Desmolets et celle de Tronchai, et, jugeant leur qualité respective, conclut assez sommairement : « Il est évident que la leçon du P. Desmolets est la véritable ; son texte est toujours plus simple, plus obscur et plus hardi. Il l'a pris dans les *Mémoires* manuscrits de Fontaine ; celui qu'ont donné les éditeurs de ces *Mémoires* est un texte embelli, expliqué et adouci[2]. » Toujours selon Havet, Desmolets fournissait bien quelques leçons erronées, qu'il importait de corriger, mais nulle altération volontaire. D'où une édition fondée sur le texte de 1728, amendé par le recours à celui de 1736. Havet s'en tint à cette position en 1866, ajoutant même à la fin de son commentaire : « Mon édition de 1852 est la première où on ait pu lire un texte authentique de cet *Entretien*[3]. »

Fut-ce inadvertance ? La même phrase reparut en 1881[4]. Pourtant, à cette époque, une nouvelle période s'était ouverte dans l'histoire du texte de l'*Entretien*, celle de la prise en compte des manuscrits, concurremment avec celle des imprimés. Dès 1840, amorçant la publication de son *Port-Royal*,

2. P. XXXIV.
3. P. CXXXVIII.
4. Même page.

Sainte-Beuve avait mentionné un manuscrit des *Mémoires* de Fontaine qu'il possédait, mais sans l'exploiter pour l'*Entretien* avant 1867[5]. Havet fut donc le véritable initiateur de la nouvelle méthode, précisément dans son édition des *Pensées* de 1881. Il ne put consulter le manuscrit de Sainte-Beuve, devenu indisponible depuis la mort du critique (1869). Mais il en trouva un autre à la Bibliothèque Mazarine[6], et Augustin Gazier, gardien d'une remarquable collection relative à Port-Royal, lui en fit connaître encore un autre, dont il lui communiqua lui-même les principales variantes. Par rapport à celui de 1852, le texte de 1881 comporte une centaine de leçons différentes. Pour le choix de celles-ci, aucun principe général de méthode n'a été défini ; seuls ont joué, dans chaque cas particulier, la réflexion et le goût personnels de l'éditeur.

Les deux textes de Havet, légèrement remaniés quelquefois encore à partir de Desmolets et de Tronchai, firent successivement loi pour les autres éditeurs jusqu'à la fin du XIXe siècle.

La situation n'évolua en profondeur que par la

5. Sainte-Beuve fait allusion à ce manuscrit dès 1840, au t. I de l'édition originale de *Port-Royal*, pp. 412, n.1 ; 466, n. 1. Mais il n'en fait état à propos de l'*Entretien* que dans la 3e édition, en 1867, t. II, p. 387, n. 1. Quoi qu'il en dise, Sainte-Beuve suit presque toujours Tronchai, et, lorsqu'il le modifie, c'est surtout pour introduire des corrections de son cru.

6. Voir l'édition de 1881, p. III. Voir aussi A. GAZIER, « Un nouveau manuscrit de l'Entretien », *Rev. d'hist. litt. de la France*, 1895, p. 373.

découverte de nouveaux manuscrits et par une étude plus rigoureuse de ceux qui avaient été déjà signalés. Une intervention, qui avait déjà été déterminante dans la transformation de l'édition Havet, se révéla de nouveau décisive, celle d'Augustin Gazier. Celui-ci publia en 1895 le texte d'un manuscrit en sa possession[7], distinct de celui dont il avait communiqué les variantes à Havet, et qui offrait la curieuse particularité de présenter l'*Entretien* seul, sous le titre *Jugement d'Épictète et de Montaigne par M. Pascal*, sans aucune référence aux *Mémoires* de Fontaine. Par ses caractères, le texte de ce nouveau manuscrit s'apparente à celui qu'avait publié le P. Desmolets. Il en diffère pourtant beaucoup : il est coupé plus court et il comporte en grand nombre additions et suppressions. Dans son commentaire, Gazier insistait sur l'intérêt des additions, mais parlait peu des suppressions, laissant de côté un débat critique dont ce document montrait toutefois la nécessité.

Nouvelle révélation en 1897. Sous forme d'appendice à une réédition posthume de Faugère, paraissait un texte inédit de l'*Entretien*, emprunté à un manuscrit des *Mémoires* de Fontaine trouvé dans la collection même de Faugère. Dans ses notes, l'éditeur joignait à ce nouveau texte des variantes nombreuses, empruntées non seulement aux publications aisément accessibles de Desmolets et de Gazier, mais au manuscrit de la Bibliothèque Mazarine et à celui de Sainte-Beuve, récemment

7. *Ibid.*, pp. 372-384.

acquis par la bibliothèque de la Société d'histoire du protestantisme français. Mais, une fois encore, il s'agissait d'une simple juxtaposition de variantes, excluant tout jugement de valeur.

Entre toutes les sources désormais connues, ou signalées, une confrontation s'imposait, destinée à permettre l'élaboration d'un texte critique. La tâche fut entreprise par Joseph Bédier, expert éminent en ce genre d'étude. Un article de la *Revue d'histoire littéraire de la France* de 1902[8], gâté malheureusement par un grave oubli, celui du manuscrit de Faugère, fut repris et complété en 1903 pour le recueil des *Études critiques*[9]. Le grand érudit se traça un vaste programme : relevé de toutes les variantes des sept sources connues, recherche des liens de filiation à établir entre ces sources, reconstitution du texte original, de l'« archétype », auquel elles devaient toutes remonter, effort de conjecture pour corriger tel passage qui semblait déjà corrompu dans l'archétype, enfin présentation du texte restitué, accompagné d'un apparat critique complet. L'excellence de la méthode ainsi définie et le prestige personnel de Bédier, « l'assurance », qu'il affichait aussi d'avoir, « hormis une dizaine de leçons », restitué « l'archétype[10] », firent que son texte s'imposa pendant plus de cinquante ans. Il fut adopté dès 1904 par Brunschvicg dans la troisième

8. Pages 351-384.

9. Paris, A. Colin, pp. 19-80.

10. *Ibid.*, p. 48. La phrase figure aussi dans l'article initial, p. 366.

édition des *Pensées et Opuscules*, puis de nouveau en 1914 dans la grande édition des *Œuvres*, à plus forte raison par tous ceux qui attachaient plus d'importance au commentaire qu'à l'établissement rigoureux du texte.

Pourtant, en 1914, Brunschvicg lui-même remarquait, dans le manuscrit de la Bibliothèque Mazarine, trois leçons non signalées par Bédier et en tirait deux corrections au texte de celui-ci[11]. Il fallut toutefois attendre 1955 pour trouver, en la personne de Louis Lafuma, un éditeur qui rejetât complètement les résultats du travail de Bédier pour revenir au texte de Desmolets[12]. Lafuma reprenait l'argumentation de Havet — plus précisément du Havet première manière (1852) — en lui donnant une extension nouvelle : confrontant, sur un exemple, le texte de Desmolets non seulement à celui de Tronchai, mais aussi à celui de Bédier, il en concluait à la meilleure qualité du premier. En 1960, Pierre Courcelle, dans sa remarquable étude, *L'Entretien de Pascal et Sacy, ses sources et ses énigmes*[13], adopta un point de vue semblable. Il procéda même à divers sondages dans les manuscrits et releva de nouvelles erreurs dans le texte et dans l'apparat critique de Bédier. Mais, s'intéressant surtout au problème des sources, dont il montra d'ailleurs brillamment les incidences sur celui de l'établissement

11. PASCAL, *Œuvres*, t. IV, pp. 30, n. 2 ; 49, n. 1 ; 56, n. 1.

12. PASCAL, *Opuscules et lettres*, Paris, Aubier, pp. 73-90.

13. Paris, Vrin.

du texte, il s'en tint à Desmolets, sauf à corriger un très petit nombre d'erreurs évidentes, sans entreprendre une vérification complète ni une critique en règle du travail de Bédier.

Il avait toutefois montré la nécessité de cette vérification et de cette critique. Elles ont été entreprises en 1991, dans l'édition des *Œuvres complètes* de Pascal de la Bibliothèque européenne.

La liste des sources accessibles pour ce travail ne s'était pas allongée depuis Bédier. Elle se composait des sept textes qu'il avait dénombrés, deux imprimés et cinq manuscrits. En voici une description sommaire, suivant l'ordre chronologique de leur découverte, ou plutôt de leur exploitation systématique par les éditeurs de l'*Entretien*. Pour les désigner plus brièvement, nous leur conserverons les sigles que leur avait attribués Bédier.

Rappelons d'abord le texte publié en 1728 par le P. Desmolets *(D)*. Le manuscrit dont il dérive ne s'est pas conservé.

La première édition des *Mémoires* complets, en 1736, par Tronchai *(T)* fut préparée selon des principes qui inspirent quelques réserves quant à la valeur de son travail. L'éditeur, jugeant l'ouvrage désordonné, ennuyeux, prolixe, manifestait l'intention de changer, d'abréger, de retrancher[14]. C'est dire que son texte, même pour un passage tel que l'*Entretien*, auquel il aura sûrement accordé des soins particuliers, doit être considéré comme tout

14. Voir sa lettre du 21 octobre 1731, partiellement publiée par SAINTE-BEUVE, *Port-Royal*, t. II, 1867, pp. 245-246.

autre chose qu'une transcription pure et simple.

Le manuscrit de la Bibliothèque Mazarine *(M)* exploité par Havet en 1881 est une copie complète des *Mémoires* de Fontaine, en deux volumes[15] portant chacun le titre *Histoire très curieuse et très édifiante de Messieurs de Port-Royal des Champs, par Monsieur Fontaine.* Une inscription manuscrite montre qu'avant la Révolution, elle appartenait à la bibliothèque des Augustins du faubourg Saint-Germain, autrement dit les Petits-Augustins, dont le monastère est devenu l'École des Beaux-Arts. C'est là certainement qu'elle a été exécutée. Son origine est expliquée dans une *Préface*, datée « A Paris, 1730 » et signée « F.E.M.R.A. » F est évidemment l'initiale de *Frère*, R et A signifient « religieux augustin » ; E et M sont donc les initiales du prénom et du nom du religieux, qui semble bien avoir écrit cette préface de sa main. Après avoir donné quelques indications biographiques sur Fontaine, tirées pour la plupart des *Mémoires* eux-mêmes, l'auteur rapporte que l'ancien secrétaire de M. de Sacy composa son ouvrage dans sa retraite de Melun, où il passa les douze dernières années de sa vie[16]. Il ajoute :

« Ce précieux manuscrit, que M. Fontaine laissa en mourant à son hôte et à son hôtesse en reconnaissance des bons offices qu'il en avait reçus, fut

15. Mss. 2465 et 2466.

16. Fontaine mourut en 1709. Il composa ses *Mémoires* de 1696 à 1700. Voir la notice du *Supplément au Nécrologe de Port-Royal*, Paris, 1735, pp. 356-358.

communiqué à une dame religieuse[17] de la ville qui, étant capable d'en juger par ses propres lumières et par sa solide piété, le trouva si beau et si intéressant qu'elle s'appliqua tout entière à le transcrire, aux dépens même de sa santé. Cette dame, qui m'est proche parente, et dont le Seigneur a couronné depuis peu les mérites par la mort des justes, a eu la bonté de me le confier, et m'a laissé tout le temps nécessaire pour le faire copier. La Providence a voulu qu'il se soit trouvé des personnes assez zélées pour me prêter le secours de leurs plumes, et j'ai maintenant la joie et la consolation de voir fini un ouvrage qui était commencé depuis plus de quinze mois. »

Quoique ces lignes ne soient pas toujours d'une rédaction aussi limpide qu'on le désirerait, on doit en inférer que la copie *M*, dans laquelle, comme il est annoncé, il est aisé de reconnaître plusieurs mains, au nombre d'une dizaine, a été faite sur une copie précédente, prise par une dame de Melun directement sur l'original. Ce petit nombre d'intermédiaires fait en principe bien augurer de la valeur de ce manuscrit.

Pour cette même édition de 1881, Augustin Gazier, nous l'avons vu, avait communiqué à Havet des variantes empruntées à une copie des *Mémoires* de Fontaine en sa possession. Il est aisé de reconnaître les trois volumes cotés aujourd'hui, à la Bibliothèque de Port-Royal, P.R. 22-23-24 *(J)*[18], et

17. Ce qui ne veut pas dire « une religieuse ».
18. L'*Entretien* figure dans P.R. 23.

qui proviennent sans doute de la collection de manuscrits constituée par Mlle de Théméricourt († 1745), cousine de l'abbé d'Étémare. La copie n'est pas datée, mais il faut la considérer comme antérieure à l'édition Tronchai, qui la rendait inutile. Elle est entièrement de la même main. Toutefois un reviseur est intervenu, disposant d'un manuscrit de référence, car il a comblé certaines lacunes, mais agissant le plus souvent en correcteur aux initiatives arbitraires. En tête du premier volume, le titre *Mémoires de M. Fontaine*. La pagination est continue d'un volume à l'autre. Le texte de l'*Entretien* figure au tome II.

A la même Bibliothèque de Port-Royal appartient le manuscrit particulier de l'*Entretien* publié en 1895 par Augustin Gazier *(G)*. Il fait partie d'un volume in-8° intitulé *Recueil de dissertations sur divers sujets théologiques et de morale* : en tout, huit pièces, les deux plus longues copiées d'une main, et six, plus courtes, d'une autre main. Entre ces dernières, le *Jugement d'Épictète et de Montaigne par M. Pascal*[19]. De la même main, des *Remontrances du Parlement au roi au sujet des rentes et des actions,* datées à la fin du 17 avril 1720[20], et un *Avis d'un avocat sur les actions de la Compagnie des Indes*, faisant allusion aux dividendes promis par cette compagnie pour l'année 1720[21]. Ces témoignages de la crise du système de Law ont sans

19. P.R. 128 *bis*, pp. 285-302.
20. P. 336; la pièce entière occupe les pp. 314-336.
21. P. 396; la pièce entière occupe les pp. 385-403.

doute été copiés à l'époque même. L'*Entretien* l'aurait donc été aussi vers 1720. Gazier tirait argument de cette date relativement ancienne pour affirmer la valeur du manuscrit, en dépit d'innombrables négligences très visibles. Le regretté abbé Cognet renchérissait encore. Il y a lieu de se montrer beaucoup plus réservé.

Le manuscrit de Faugère publié en 1897 *(F)* se trouve aujourd'hui à la Bibliothèque Mazarine[22], où a été déposée une grande partie de la collection de cet érudit. Il s'agit d'une copie des *Mémoires* de Fontaine, qui fut sans doute complète, mais dont ne subsiste qu'un fragment, correspondant à peu près à un quart des *Mémoires*, qui comporte heureusement l'*Entretien*. En tête, le titre *Mémoires de M. Fontaine sur les Messieurs de Port-Royal. Tome 3e*. Le contenu est à peu près le même que celui de la troisième partie (sur quatre) de l'édition Tronchai, encore que, dans l'édition, la coupure initiale soit opérée un peu plus haut[23]. Mais la coupure finale est exactement la même, si l'on tient compte du fait que quelques pièces ont été, dans l'édition, transposées en fin de partie. Plusieurs mains sont intervenues pour la copie, mais l'*Entretien* est entièrement de la même main. On reconnaît aussi, à plusieurs reprises, la main d'un correcteur, peut-être de deux, qui ne disposaient certainement d'aucun manuscrit de référence.

22. Ms. 4555.

23. Le début du manuscrit correspond à la p. 7 du t. II de l'édition.

Dans l'édition Faugère 1897 sont mentionnées beaucoup de variantes empruntées au manuscrit de Sainte-Beuve *(B)*, désormais conservé à la Bibliothèque de la Société d'histoire du protestantisme français[24]. C'est la première fois que ce manuscrit était collationné ; il le fut de nouveau par Bédier en 1902. Il s'agit encore d'une copie des *Mémoires* de Fontaine, portant un titre particulier : *Recueil de plusieurs vies très édifiantes faites par Monsieur F.*, initiale complétée par Sainte-Beuve. Cette copie est incomplète, comme la précédente, mais beaucoup moins gravement. Seule la fin manque. Le texte s'interrompt brusquement au bas de la page 600, où pourtant le mot de réclame a été inscrit. Impossible de déterminer si la suite a jamais existé. Dans une note de sa main, portée sur la page suivante, demeurée blanche, Sainte-Beuve fait observer que la coupure correspond à la page 260, ligne 9, du tome II de l'édition Tronchai, et que seuls sont donc enregistrés les trois quarts à peu près des *Mémoires*. C'est largement assez pour que l'*Entretien* soit présent. Pour l'apparence extérieure, cette copie est la plus belle de toutes. La magnifique reliure ancienne, la qualité du papier, les cadres rouges tracés à chaque page, la régularité de l'écriture, unique d'un bout à l'autre, témoignent du soin apporté au travail. Cependant l'origine du manuscrit demeure obscure, en dépit d'un nom d'ancien possesseur — Rose-Angélique Simon — inscrit au verso de la page de garde. Pour la date, nous pouvons

24. Ms. 113.

seulement poser, comme dans plusieurs des cas précédents, qu'elle est antérieure à celle de l'édition Tronchai (1736).

Ces sept sources, on l'a chaque fois constaté, ne sont que des copies. Le travail effectué pour l'édition de 1991 a obtenu plusieurs résultats essentiels[25].

D'abord les sept textes différents ont été déchiffrés avec beaucoup plus de rigueur qu'auparavant. La conviction a pu être acquise que le texte et l'apparat critique de Bédier ne comportaient, en tout, guère moins de quatre cents fautes. C'en était assez pour disqualifier un projet d'une ambition fort louable, mais reposant sur des bases trop fragiles.

Fallait-il alors en revenir à l'édition Desmolets, en suivant l'exemple d'Havet première manière, de Lafuma et de Courcelle ? C'était se fonder sur une impression toute subjective. Pour justifier un pareil dessein, il fallait s'appuyer sur une comparaison critique des sept textes sources, c'est-à-dire refaire le travail, évidemment dépassé, de Bédier.

Ce dernier s'est révélé malgré tout assez solide dans l'établissement de la filiation des manuscrits. Il a établi notamment qu'aucune copie ne pouvait dériver directement de l'original, et qu'entre les copies conservées, il fallait en supposer plusieurs autres disparues. Sur lui un progrès fort important a cependant été accompli par la démonstration de la dépendance exclusive du texte de 1736 *(T)* par rapport au manuscrit *F*. L'original de Tronchai étant

25. Nous ne faisons ici que résumer l'étude très détaillée que l'on trouvera dans cette édition, pp. 86-99.

connu, le repérage devenait aisé de ses retranchements et de ses gloses, auxquelles Bédier avait accordé parfois une autorité indue.

Le *stemma* suivant a désormais pu être proposé :

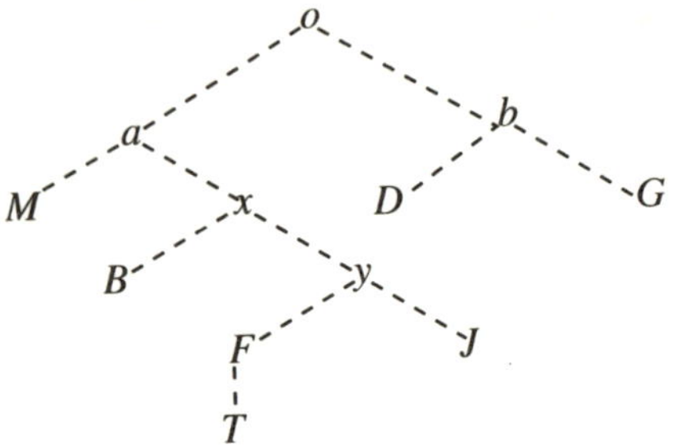

On voit que deux familles se constituaient, chacune dérivant de l'original par une copie distincte : l'une d'elles comprenait les manuscrits complets — au moins en droit — des *Mémoires* de Fontaine ; l'autre les copies particulières de l'*Entretien*. Le petit historique placé en tête du manuscrit *M*, indiquant l'existence d'un intermédiaire entre l'original et ce manuscrit, se trouvait confirmé. Il était normal que les copies les plus proches de l'original, *M* et *B*, d'une part, *D* et *G*, d'autre part, eussent plus d'autorité, leurs défauts propres étant reconnus, que les plus éloignées, *J, F* et *T*.

De là dérivaient les principes d'établissement d'un texte critique. Ils ont abouti à faire proposer une soixantaine de leçons distinctes du texte de Bédier, et environ soixante-dix de celui de Desmolets.

Mais, par une étrangeté nouvelle dans l'histoire tourmentée de ce texte, l'étape la plus importante restait à parcourir.

Il existait, à la Bibliothèque de l'Institut de France, un manuscrit complet des *Mémoires* de Fontaine, qui, quoique inscrit au catalogue imprimé, et mentionné à la table de ce catalogue, depuis 1928, n'avait jamais encore été consulté[26]. Celle qui l'a découvert et transcrit a pu faire, au sujet de l'*Entretien*, des constatations d'une importance capitale.

Le texte était sensiblement plus complet que celui des sept autres. En particulier, le rôle de M. de Sacy était beaucoup plus étoffé. Des citations de saint Augustin, dont le solitaire était prodigue, jusque-là réduites à un ou deux mots initiaux, suivis de « etc. », et malaisées, voire impossibles à identifier, devenaient de véritables phrases. D'autres citations apparaissaient, dont rien auparavant ne signalait la présence. Dans le rôle de Pascal, quelques morceaux inédits se révélaient aussi, et des leçons inconnues brillaient d'un éclat tout neuf. Il était, dès l'abord, évident que le manuscrit de l'Institut constituait à lui seul une famille, distincte d'une autre à laquelle appartenaient nos sept textes antérieurement connus, qui avaient tous subi les mêmes retranchements et entretenu les mêmes erreurs de lecture. La prolixité de Fontaine était unanimement déplorée : copistes et éditeurs ont souvent éprouvé le besoin, non

26. Mss. 664 à 668. L'*Entretien*, tel que nous l'avons découpé, figure au ms. 666, pp. 216-253.

toujours suivi d'effet, de pratiquer des coupures. Mais des coupures identiques ne sauraient se trouver dans des manuscrits qui ne dépendraient pas d'une même source. Le manuscrit de l'Institut porte d'ailleurs aussi la trace de projets d'allègements. Or ceux-ci n'ont aucun rapport avec ceux qui ont été exécutés partout ailleurs. Un nouveau manuscrit, d'une valeur exceptionnelle, vient donc s'ajouter à la liste, arrêtée depuis Bédier, des sources de l'*Entretien*.

Mais le rêve a été depuis longtemps caressé de retrouver l'original des *Mémoires* de Fontaine, qu'il aurait laissé en mourant, selon le précieux témoignage enregistré dans le manuscrit *M*, aux mains de ses hôtes de Melun. N'est-ce pas cet original même, ce manuscrit introuvable, que conserve la Bibliothèque de l'Institut ?

Une réponse affirmative s'appuiera d'abord sur la teneur même du texte. En cas de divergence, ce manuscrit ne donne jamais aucune leçon qui ne soit supérieure à la leçon correspondante de n'importe quelle autre source. A maintes reprises, il offre même un cas typique de *lectio difficilior*, que jamais un copiste disposant d'une autre leçon n'aurait pu imaginer. Les contradictions à ces règles qui pourraient sembler se présenter en quelque trois ou quatre passages ne portent guère que sur des détails orthographiques, où la faute éventuelle, imputable à la simple étourderie, pouvait être corrigée spontanément par le premier lecteur venu.

On observera aussi que le manuscrit est très lisible et que tout copiste l'ayant à sa disposition n'aurait pu se heurter aux évidentes difficultés de déchiffrement dont les autres sources gardent d'innombrables traces. Ces sources sont donc tributaires, non pas directement de ce manuscrit, mais d'une copie primitive, prise d'une main moins lisible et qui, de plus, aura sans doute introduit et des fautes involontaires et des corrections injustifiées en des passages qu'elle jugeait obscurs ou erronés. C'est aussi cette copie primitive dont le texte aurait été réduit par les coupures que l'on trouve partout ailleurs. Dans le *stemma* indiquant la filiation des textes, elle peut s'intercaler entre l'original *o* et les manuscrits perdus *a* et *b*; à moins que *a* et *b* ne puissent se réduire à l'unité, soit qu'ils se confondent, constituant par là même la copie primitive, soit que *a* devienne seule copie primitive, *b* en dérivant alors, au même titre que *M*. Dans cette dernière hypothèse resterait vraie l'affirmation portée en *M*, qui le fait découler de l'original par un seul intermédiaire. Quelle que soit la solution donnée à ces problèmes de détail — il y aurait sans doute lieu de réduire le nombre des intermédiaires censés perdus —, l'argumentation proposée en vue de faire reconnaître dans le manuscrit de l'Institut le véritable original garde toute sa force.

Une preuve tout à fait décisive sera procurée si l'on peut établir que ce manuscrit est autographe. Indice préliminaire : le papier employé, à en juger par les filigranes, est bien de la fin du XVIIe siècle ou du début du XVIIIe, époque à laquelle Fontaine a rédigé ses *Mémoires*, c'est-à-dire, selon les témoignages du temps, entre 1696 et 1700. De plus l'écriture, comparée à d'autres, du début du XVIIIe siècle, qui viennent épisodiquement apporter compléments ou commentaires au texte principal, apparaît nettement archaïque, ce qui convient à un homme dont la formation remontait avant le milieu du XVIIe siècle. Mais où trouver des textes de comparaison pour identifier l'écriture d'une manière tout à fait certaine ? Nous possédons au moins quelques signatures de Fontaine[27]. Elles suffisent à établir l'identification. En effet, dans un écrit complémentaire joint aux *Mémoires* et de la même main, une copie de lettre de Fontaine s'achève par ce qui est exactement sa signature[28]. Il convient cependant de souligner un fait important. D'une écriture régulière et constamment appliquée, le manuscrit n'a rien d'un brouillon. C'est une mise au net réalisée par l'auteur lui-même. Des numéros indiquant la place de certains cahiers montrent que des compléments ont été parfois apportés. L'*Entretien* est, en revanche, d'une seule coulée. Que l'auteur ait été son propre copiste n'empêche pas que nous ayons affaire à un véritable original, et d'excellente qualité. Il n'est, pour le comprendre, que de se reporter au jugement d'un autre solitaire de Port-Royal, Saint-Gilles, qualifiant Fontaine d'« excellent écrivain[29] ». Le mot doit s'entendre,

27. Arch. Nat., Minutier central, ét. LXXV, l. 184, 5 fév. 1677 ; l. 205, 23 avril 1681.

28. Bibl. de l'Institut, ms. 668, p. xxxiij. Ailleurs, p. lxxij, procédant en pur copiste, il se livre plutôt à une calligraphie de son nom.

29. PASCAL, *Œuvres complètes*, éd. citée, t. I, p. 476.

moins de dons littéraires que de la sûreté matérielle de l'écriture, de ce qui fait à la fois un bon copiste et un bon ouvrier de la langue.

Le texte original si longtemps demeuré inaccessible est donc enfin trouvé. Il est seul authentique, correct et complet. Sa publication frappe de caducité toutes les éditions antérieures.

II. LE DIALOGUE DANS LE DIALOGUE

Le texte des *Mémoires* étant considéré comme établi, comment y délimiter l'*Entretien avec M. de Sacy*? On ne peut admettre les coupures artificielles pratiquées par certains éditeurs, dont le plus hardi a été Pierre Coste, suivi par Condorcet et par Bossut. On ne doit pas se laisser abuser par les retouches diverses, additions et suppressions, pratiquées par le copiste du manuscrit *G*. On ne peut plus désormais ignorer que seul le manuscrit original offre l'intégralité du texte. Il se peut fort bien que le dialogue entre Pascal et Sacy, au sein duquel s'effectue, attribué à Pascal, un dialogue d'une autre sorte, entre Épictète et Montaigne, résulte d'un « montage » habilement réalisé par le rhéteur consommé qu'était Fontaine. Mais ce qui nous est donné, c'est le texte du mémorialiste. Rien, au départ, n'autorise à le démembrer, fût-ce pour isoler les propos placés dans la bouche de Pascal, d'autant que leur sens est parfois éclairé par les paroles prêtées à Sacy, voire par le récit direct de Fontaine.

Mais si, dans la masse énorme des *Mémoires*, il

importe de délimiter un morceau d'un seul tenant, où en situer le commencement et la fin ? Fontaine n'a pas établi de séparation rigoureuse entre ce morceau de bravoure et son contexte. A l'éditeur donc de prendre parti. Desmolets et surtout le copiste du manuscrit *G* ont coupé un peu court. Même lorsqu'elles ont élargi le champ, comme c'est le cas surtout pour celle de Brunschvicg, les éditions modernes sont restées un peu timides. Celle que nous donnons ici, comme celle de 1991, insère la partie dialoguée dans toute la partie narrative qui se trouve en fournir, de loin ou de près, la préparation ou le complément. Ainsi se constitue, pensons-nous, l'unité la plus naturelle.

Dans cette unité des parties se distinguent, plus complexes que les divisions instituées par Pierre Coste, et qui, au premier coup d'œil, se présentent de la manière suivante :

1. Une partie narrative fournit, autour de M. de Sacy, une sorte de tableau des relations intellectuelles et humaines dans le groupe des solitaires, en allant jusqu'au château de Vaumurier, résidence du duc de Luynes. Un important développement sur les cartésiens du groupe précède l'entrée en scène de Pascal et fournit les bases d'une sorte de dialogue entre un Descartes philosophe de la nature et le Pascal savant et moraliste présenté ensuite, avant qu'il ne prenne la parole (ci-dessous, pp. 81-93).

2. Un long discours de Pascal expose la pensée d'Épictète, puis celle de Montaigne (pp. 93-110).

3. Dans un entretien avec Fontaine, Sacy rapporte

brièvement les impressions qu'il a éprouvées en écoutant ce discours (pp. 110-111).

4. Vient ensuite, s'adressant à Pascal, une réponse de Sacy (pp. 111-117).

5. Pascal poursuit son discours, revenant d'abord sur Montaigne, puis instituant une comparaison, d'ordre théologique, entre les deux philosophes (pp. 117-127).

6. Sacy intervient de nouveau, pour exprimer sa méfiance à l'endroit des lectures profanes (pp. 127-129).

7. Dans une troisième partie de son discours, Pascal propose quelques règles pratiques pour l'utilisation de ces lectures (pp. 129-131).

8. Un commentaire personnel de Fontaine sur la conversation qui vient d'avoir lieu s'enchaîne avec la suite de la narration (pp. 131-132).

Nous nous appuierons sur ce schéma, en reprenant éventuellement les numéros attribués aux diverses parties, pour essayer de reconstituer la genèse et la composition de l'*Entretien*.

Le préliminaire narratif (n° 1) enferme, implicitement, mais très précisément, la proposition d'une date pour la rencontre entre les deux interlocuteurs. Elle aurait eu lieu peu de temps après que Pascal, récemment converti et s'étant placé, à Paris, sous la conduite de M. Singlin, eût été envoyé par celui-ci à Port-Royal des Champs, chez les solitaires. L'autorité intellectuelle et spirituelle y était détenue par deux prêtres éminents, l'oncle et le neveu, Arnauld et Sacy. Grâce à des lettres de Jacqueline Pascal[30],

30. PASCAL, *Œuvres complètes*, éd. citée, t. III, pp. 61-79.

nous possédons beaucoup de renseignements sur ce qui fut une simple retraite. Nous en connaissons en particulier, comme on l'a déjà dit, la durée exacte : 7 au 28 janvier 1655. Nous savons aussi qu'il y vit plusieurs fois M. de Sacy, que Singlin avait chargé de sa direction. Pendant ce séjour, le 19 janvier, Jacqueline écrivit à son frère une lettre où se dessine une image remarquablement vivante du converti : « Je ne sais, dit-elle en particulier, comment M. de Sacy s'accommode d'un pénitent si réjoui, et qui prétend satisfaire aux vaines joies et aux divertissements du monde par des joies un peu plus raisonnables et par des jeux d'esprit plus permis, au lieu de les expier par des larmes continuelles[31]. » Ne faut-il pas mettre au nombre des « jeux d'esprit permis » les propos tenus au cours du fameux *Entretien*? L'expression conviendrait assez bien à cette synthèse hardie des philosophies mondaines dans une perspective chrétienne. La satisfaction mêlée de surprise et comme déconcertée qui se manifeste en Jacqueline n'est pas sans analogie avec l'approbation pleine de réticences que recueille, à la fin de l'*Entretien*, l'interlocuteur de M. de Sacy.

Outre cet argument de fait, il en est un autre qui touche au fond. Le converti qui, dans le *Mémorial* du 23 novembre 1654, joignait aux citations bibliques l'affirmation philosophique de la « grandeur de l'âme humaine » pouvait tout naturellement

31. *Ibid.*, pp. 68-69.

revenir sur ce thème, quelques semaines plus tard, devant M. de Sacy[32].

Toutes ces concordances invitent à reconnaître un fond de réalité dans la mise en scène des *Mémoires*. Mais la vraisemblance de la date n'empêche pas de réserver une part possible de reconstitution ultérieure, fondée sur des données complémentaires d'origine orale ou écrite.

Un autre élément narratif, absent des copies et révélé par l'original, apporte une donnée tout à fait nouvelle : l'existence d'une conversation entre Sacy et Fontaine — encore un dialogue ! — (n° 3), postérieure au premier discours de Pascal (n° 2), et pendant laquelle Sacy aurait rapporté à son secrétaire ce qu'« il se disait en lui-même » en écoutant ce discours. Ce dernier passage, demeuré dans les copies, apparaissait invraisemblable et purement inventé, dès lors que le fait de la conversation entre Sacy et Fontaine n'était pas indiqué : d'où serait venue cette information ? La perplexité des commentateurs ne pouvait malheureusement suffire à leur faire suppléer les mots manquants. La vraisemblance est maintenant rétablie. Mais le détail retrouvé autorise aussi des conclusions de plus grande portée.

On en déduira d'abord — le fait est d'ailleurs tout naturel — que Fontaine n'a pas assisté à l'entretien entre Pascal et Sacy. Ce n'est pas seulement ce qu'« il se disait en lui-même » que ce dernier lui a rapporté, c'est aussi la totalité des propos de Pascal,

32. André BLANCHET, « Une lecture nouvelle du Mémorial », *Études*, janv. 1970, pp. 74-85.

au moins — évitons provisoirement tout écart par rapport à la lettre du texte — ceux qui ont précédé.

On sait que la brève conversation entre Sacy et Fontaine (n° 3) est suivie d'une réponse de Sacy à Pascal (n° 4). Or, pour la structure, ces deux morceaux sont exactement identiques. Ils sont constitués de réflexions personnelles de Sacy, toutes consacrées à Montaigne, qui semble avoir inquiété le solitaire beaucoup plus qu'Épictète. Réflexions entrecoupées de longues citations de saint Augustin — longues surtout dans l'original, car elles sont fort abrégées, voire supprimées, dans les copies. Pour complément, quelques éléments narratifs dus à Fontaine. Le monologue intérieur de Sacy se poursuit, sans différence substantielle, dans son discours. On retrouve les mêmes caractères dans la seconde intervention de Sacy (n° 6), quoique les citations y prolifèrent un peu moins.

Que conclure de ces faits ? Que Fontaine disposait du même type de documentation pour élaborer le contenu de la conversation tenue avec lui-même et celui des propos destinés à Pascal. Qu'elle reposait essentiellement — Pierre Courcelle l'a magistralement montré[33], mais le nouvel état du texte lui donne plus que jamais raison› — sur un recueil d'*excerpta*, de *testimonia*, tirés de saint Augustin, surtout des *Confessions* : référence toute naturelle dès lors qu'il s'agissait de parler à un converti, et aussi de trouver à Montaigne un parfait répondant. De plus, ces *excerpta* sont tous relatifs à la lecture

33. *Op. cit.*, pp. 122-123, 126, 157, 165-166.

des auteurs païens et à ses dangers possibles pour la formation des chrétiens. Mais qui avait constitué ce recueil ? qui l'a exploité ? A ces questions la lettre du texte ne répond pas. Il faut interpréter.

On jugera singuliers ces propos oraux dans lesquels les citations textuelles, ou quasi textuelles, occupent tant de place. Voilà qui trahit la fabrication, le travail de savant maladroitement transposé sur le terrain de la conversation vivante. Ce que les copies avaient atténué ressort désormais en pleine lumière.

Mais, si l'on s'en tient pour le moment au rôle de Sacy, comment Fontaine a-t-il procédé ?

On ne peut croire qu'il se soit fondé seulement sur des souvenirs de conversations. Plus de quarante ans après, il serait inconcevable qu'ils eussent gardé une telle précision. Avait-il mis par écrit sur le moment les propos rapportés par Sacy ? Une réponse affirmative engagerait le rôle de Pascal, qui, on l'a vu, fit certainement l'objet du même compte rendu. Nous devrons donc revenir sur ce point par la suite. Reste le fait de l'utilisation d'un recueil, évidemment écrit. Deux explications sont théoriquement possibles. Ou bien Fontaine aura lui-même recueilli les citations de saint Augustin, auteur qui lui était certainement familier. Ou bien, il les aura trouvées dans les papiers de Sacy. Dans une hypothèse comme dans l'autre, il est inutile d'imaginer une étape antérieure à celle de la rédaction des *Mémoires*.

La seconde hypothèse, en tout état de cause, nous semble de beaucoup la plus plausible. Toutes les citations de saint Augustin, à peu de chose près, — il s'agit évidemment de celles que Sacy a choisies, peut-être partialement — condamnent la lecture des auteurs païens. Or Pascal a montré que cette lecture pouvait être utile. Et Fontaine conclut en faisant état de l'accord des deux interlocuteurs, ce qui est pour le moins excessif. S'il avait choisi lui-même les citations, n'aurait-il pas veillé à mieux préparer cette conclusion ?

Mais comment se présentaient concrètement ces citations ? La réponse doit être réservée jusqu'après l'étude du rôle de Pascal.

Avec ce rôle, la question se pose de nouveau de savoir si Fontaine n'aurait pas été informé oralement par Sacy, comme il le suggère dans le passage déjà cité des *Mémoires*. La suggestion, quoique placée après le premier discours de Pascal, ne peut que valoir pour l'ensemble de l'*Entretien*, dont la construction ne se modifie nullement par la suite. Ou bien Fontaine aura eu plusieurs conversations successives sur le sujet ; ou bien il aura placé une conversation postérieure à l'ensemble de l'*Entretien* à un moment où elle permettait d'amorcer le dialogue, ce qui constitue sa fonction rhétorique. La seconde supposition est beaucoup plus naturelle.

Encore en demeurons-nous ici à la lettre du texte. Mais si l'idée d'une conversation entre Sacy et Fontaine au sujet du ou des entretiens du premier avec Pascal est éminemment vraisemblable, il est rigoureusement impossible que l'auteur des *Mémoires* ait travaillé sur de simples souvenirs oraux, même enregistrés sur le moment. Qu'il ait disposé d'une documentation écrite, la preuve en est encore donnée par l'examen des citations, examen d'autant plus probant que les auteurs analysés étaient beaucoup moins bien connus de Fontaine que saint Augustin.

A cet égard, une découverte capitale, faite par Fortunat Strowski, avait été signalée en 1903 par Bédier[34], et présentée par son auteur en 1907[35]. Pascal a lu Épictète dans une traduction française bien précise, celle des *Propos* — généralement désignés aujourd'hui sous le titre d'*Entretiens* — suivis du *Manuel* par le feuillant dom Jean de Saint-François — Jean Goulu avant son entrée en religion —, traduction publiée en 1609[36].

En la même année 1907, Antoine Uhlir, se fondant sur les références aux pages des *Essais* contenues dans certains fragments des *Pensées*, démontrait que Pascal lisait le chef-d'œuvre de Montaigne dans l'édition de 1652[37]. Encore que cette étude ne s'applique pas directement à l'*Entretien*, il y a tout lieu d'en étendre les conclusions à notre opuscule. Dans la pratique, on pourra se contenter de références à une édition moderne.

34. *Études critiques*, p. 34, n. 1. Dans l'article de 1902, p. 351, n. 2, Bédier croyait que Pascal avait suivi la traduction de Du Vair.

35. *Pascal et son temps*, t. II, pp. 319-328.

36. *Les Propos d'Épictète, recueillis par Arrian, auteur grec, son disciple, translatés du grec en français par Fr. I.D.S.F.*, Paris, Jean de Heuqueville, 1609.

37. « Montaigne et Pascal », *Rev. d'hist. litt. de la France*, 1907, pp. 442-454.

L'inventaire des sources de l'*Entretien*, en ce qui concerne les propos placés dans la bouche de Pascal, avait été effectué d'une manière systématique, un peu avant 1940, par Yoichi Maeda. Au sujet de Montaigne, cet éminent pascalisant japonais avait surtout montré, avec une précision et une pénétration remarquables, toute la distance qui sépare les *Essais*, et particulièrement l'*Apologie de Raymond Sebond*, de leur interprétation par Pascal, interprétation qui suppose, dans l'intervalle, la lecture de Descartes, et la lente maturation d'une pensée personnelle. C'est là un des morceaux les plus brillants d'une thèse intitulée *Les arguments apologétiques chez Montaigne et chez Pascal*, malheureusement accessible au public dans la seule traduction japonaise. Grâce à l'extrême obligeance de l'auteur, dont il faut déplorer la récente disparition, nous avons cependant pu disposer d'un des rares exemplaires de la dactylographie originale en français[38].

Yoichi Maeda s'était parallèlement livré, dans des notes inédites, à une recherche minutieuse concernant les emprunts à Épictète, plus précisément à sa traduction par dom Goulu, en en signalant beaucoup de nouveaux. Pierre Courcelle ignorait ces travaux lorsque, en 1960, il s'engagea lui-même dans l'étude des sources de l'*Entretien*, qu'il sut mener avec la plus rare sagacité.

Il suggéra que Pascal, comme Sacy, avait dressé

38. 1941, 483 p. Un fragment relatif à l'*Entretien* a été publié dans le petit volume *Écrits sur Pascal*, Paris, Éd. du Luxembourg, 1959, pp. 9-19.

un recueil de citations, une liste d'*excerpta*, de *testimonia*, d'Épictète d'une part, de Montaigne, de l'autre, en vue d'asseoir sa double analyse. Mais il semble réduire à ce recueil l'écrit que Fontaine aurait utilisé[39]. Quelques précisions sont ici nécessaires.

Pour essayer de saisir concrètement la méthode de travail suivie par Pascal dans l'élaboration de ce qu'on pourrait appeler son discours sur Épictète et Montaigne, il n'est que d'instaurer une comparaison avec d'autres écrits, notamment avec ceux qui comportent l'exploitation de recueils d'*excerpta*, ou avec ces recueils eux-mêmes, dont certains nous ont été conservés. C'est ainsi que nous possédons des listes de citations des Pères de l'Église, préparées en vue de la rédaction des *Écrits sur la grâce*[40]. Parmi les fragments des *Pensées*, plusieurs ne sont pas autre chose que des recueils d'*excerpta*, organisés chaque fois autour d'une idée directrice. Que l'on se reporte à telles collections de textes prophétiques[41], ou à telle série de citations latines empruntées à Montaigne[42].

Mais ces listes ne s'organisent pas toujours de la même manière. Pour certaines d'entre elles, les

39. Courcelle, *op. cit.*, principalement pp. 89, 97-98, 105, 138, 146, 166.

40. Pascal, *Œuvres complètes*, éd. citée, t. III, notamment pp. 684-692, 737-747.

41. Dans la deuxième partie de la *Copie*, séries VIII, XII, XIV à XVII, Laf. 453, 483, 485, 486, 487, 489; Sell. 693, 607, 600 et 602-604, 561, 608, 591.

42. *Ibid.*, série XX; Laf. 506 à 508; Sell. 673 à 679.

extraits se succèdent dans l'ordre même de la source[43] : elles ont été dressées au courant de la lecture. Ailleurs, ils s'ordonnent en des sortes de chapitres[44]. Ailleurs encore, les citations interviennent à titre de point d'appui d'un raisonnement aux articulations soigneusement marquées, selon une démarche proprement pascalienne. Ainsi lorsqu'il s'agit de réunir un faisceau de preuves « pour montrer que les vrais juifs et les vrais chrétiens n'ont qu'une même religion[45] ». Ainsi dans un fragment formé en grande partie d'emprunts ou d'allusions à Montaigne et dont la comparaison avec l'*Entretien* mériterait une étude spéciale[46].

Quoique Pierre Courcelle ait insuffisamment marqué la différence entre le traitement des citations chez les deux interlocuteurs, il n'en a pas moins été sensible au nouveau visage que prennent dans la bouche de Pascal les pensées d'Épictète et de Montaigne. Il reconnaît que le style des exemples a fait l'objet d'un rajeunissement systématique, répondant au souci de fuir « l'archaïsme, les surcharges d'expression, les métaphores, les personnifications[47] ». René Pintard est allé encore plus loin, se rapprochant des positions défendues ici[48].

43. Séries XIV et XV.

44. Série XVII.

45. Série VIII.

46. Laf. 76; Sell. 111. Cette étude est amorcée dans l'édition de 1991, pp. 103-105.

47. *Op. cit.*, p. 97.

48. Dans un compte rendu de l'ouvrage précédent, *Revue des études anciennes*, 1961, pp. 541-548.

On ajoutera que le souci de « moderniser » Montaigne s'était fait jour précisément dans l'entourage immédiat de Pascal mondain[49]. Le difficile était de réaliser cette tâche, comme il arrive dans l'*Entretien*, sans rien laisser perdre de la saveur du modèle.

Ainsi éclate la maîtrise supérieure d'un esprit qui prend possession de tout ce qu'il utilise, qui fait entrer de la manière la plus serrée dans la trame de son propos, en choisissant lui-même le fil conducteur, des textes où les reprises à l'identique sont rares, où les emprunts sont continuels, mais se réduisent parfois à un mot ou une expression, où les chapitres les plus divers sont simultanément exploités. Des portraits d'Épictète et de Montaigne par eux-mêmes se dessinent, tracés pourtant par la main de Pascal. Une sorte de génie du centon est à l'œuvre.

Du détail, passons à l'ensemble. Les trois discours de Pascal (n°s 2, 5 et 7), mis bout à bout, forment un tout rigoureusement composé. D'abord, présentation d'Épictète, en deux temps : un éloge, puis une critique. Puis présentation de Montaigne, aussi en deux temps : à un exposé teinté d'une visible complaisance succède un jugement sévère. Vient ensuite une mise en parallèle des deux philosophes. Chacun d'eux n'a connu qu'un aspect de l'homme, ou plutôt, en termes théologiques, un de ses états,

49. Voir, dans *Les Lettres de M. de Plassac* (frère du chevalier de Méré), Paris, 1648, pp. 524-530, la lettre XC adressée à Mitton, et l'application maladroite de la théorie au chapitre *De la vanité des paroles*, *ibid.*, pp. 531-544.

le premier s'en tenant à la grandeur venue d'une origine divine, le second à la misère, conséquence de la chute. Seule la doctrine de l'Homme-Dieu peut accorder l'infirmité de la nature et la puissance de la grâce. Enfin, une conclusion pratique répond à la question qui intéressait le plus Sacy, celle de l'utilité de ces lectures, et décide en fonction du caractère des lecteurs éventuels. Un double et bref parallèle se constitue de nouveau : utilité d'Épictète, puis de Montaigne; défauts d'Épictète, puis de Montaigne. Toute une science du rythme à deux temps, dans sa double fonction de parallélisme et de contraste, avec reprises et superpositions, est mise en œuvre dans une série de quatre parties, c'est-à-dire deux fois deux.

Il est impossible d'imaginer Fontaine, qui progresse volontiers de façon lente et sinueuse, se livrer à un exercice aussi subtil et brillant. Il n'est pas moins impossible de croire qu'il ait, dans l'espace de quelques pages, transformé son style surabondant, porté aux pointes et surtout à l'attendrissement, pour lui donner cette rigueur, cette densité, cette hardiesse, cet éclat, qu'on ne peut attribuer qu'à Pascal.

La sûreté de la démarche n'est pas moins apparente dans la structure plus fine des analyses appliquées à Épictète et à Montaigne. Ce qui ressort tout particulièrement, c'est l'effort pour systématiser leur pensée et la tirer par déduction de quelques principes fondamentaux : l'idée du « devoir », qui consiste à « suivre Dieu », d'un devoir dont l'exécution serait en la puissance de l'homme, chez

Épictète[50] ; l'idée que tout, « hors de la foi, est dans l'incertitude », chez Montaigne : principe d'une critique efficace de la « présomption » humaine, mais aussi d'une morale de la « paresse[51] ». Pascal fait entrer la pensée des deux auteurs dans des cadres tout personnels, préparant ainsi l'extraordinaire confrontation finale.

Il faut donc distinguer toute une série d'étapes possibles entre le recueil d'*excerpta* proprement dit, composé exclusivement de citations détachées, et les formes plus ou moins élaborées de rédaction, au fur et à mesure desquelles la marque de l'auteur s'imprime de plus en plus fortement sur la matière empruntée à autrui. On pourra le vérifier sur l'exemple des *Écrits sur la grâce*, pour lesquels la trace s'est conservée de plusieurs de ces étapes.

Dans le cas du triple discours sur Épictète et Montaigne, il est fort probable qu'une étape initiale aura aussi consisté dans la formation d'un recueil d'*excerpta*. Mais, dans l'écrit qui nous est parvenu, cette étape est largement dépassée. Qu'on ne s'abuse donc pas, comme on peut le reprocher à Pierre Courcelle, sur la signification de la présence commune d'*excerpta* dans les discours de Pascal comme dans ceux de Sacy. Les seconds ne renferment que des *excerpta* bruts, presque toujours cités en latin, et donnant l'impression de matériaux incomplètement travaillés, rattachés d'une manière très lâche à leur contexte. Les premiers, au contraire, se

50. Voir p. 96.
51. Voir pp. 118, 124-125.

fondent dans un discours continu et tout personnel, de telle manière qu'il devient souvent difficile de les en séparer. Des cas de paraphrase un peu étendue ne se constatent que rarement. Il ne s'en trouve, en fait qu'en deux endroits. D'abord, tout au début, à propos d'Épictète : aussitôt posée l'idée générale des « devoirs de l'homme », quatre fragments du *Manuel*, dont deux particulièrement longs, sont repris sans grandes modifications[52]. Mais nous ne retrouvons de fait comparable que tout à la fin de la partie consacrée à Montaigne. Du parallèle effectué entre la « vertu stoïque » et la sagesse sceptique, les principaux éléments sont empruntés à deux passages célèbres des *Essais* : des remaniements systématiques, fort intéressants d'ailleurs à regarder de près, attestent une sorte de désir de rivaliser avec des modèles aisés à reconnaître par le lecteur cultivé.

Que les deux séries de paraphrases soient ainsi groupées au début et à la fin du double volet où s'inscrivent les deux philosophes, ce n'est, à notre avis, nullement un hasard. Pascal a pour ainsi dire voulu, d'abord aller au devant, puis prendre congé de ses deux hôtes.

Partout ailleurs, les rapprochements à faire demeurent nombreux, plus nombreux encore si l'on se reporte au manuscrit original, et, pour beaucoup, l'affirmation s'impose que Pascal avait la source dans l'esprit lorsqu'il rédigeait son texte. Mais, dans les cas les plus favorables, ils se fondent sur la simple reprise de quelques mots. C'en est assez cependant

52. Voir pp. 93-95.

pour assurer que Pascal avait soigneusement médité l'œuvre d'Épictète, ne se bornant pas au bref *Manuel*, mais pénétrant profondément dans la dense forêt des *Propos* — appelés aujourd'hui *Entretiens* — et que, pour Montaigne, si l'*Apologie de Raymond Sebond* lui était particulièrement familière, il n'en avait pas moins tous les *Essais* présents à l'esprit.

Le *Manuel* et les *Propos*, comme les *Essais*, n'ont donc pas été seulement assimilés ; ils ont été repensés, transformés, rattachés à l'univers propre de Pascal. Sa tournure d'esprit, sa pensée religieuse, la conclusion vers laquelle tend tout son exposé ont commandé le choix, la présentation et l'interprétation des textes. Les deux auteurs sont éclairés chacun d'une certaine lumière. Sans méconnaître la distance qui sépare Épictète du christianisme, distance qu'un dom Goulu et les néo-stoïciens du début du XVIIe siècle avaient cherché à réduire, Pascal, surtout dans la partie favorable de son jugement, le pénètre de christianisme[53]. Quant à Montaigne, il n'est, dans une certaine mesure, que le point d'appui d'une critique générale de la raison, pour laquelle il fournit les principaux arguments, mais non les seuls. Sans que rien nous en avertisse, les *Méditations* de Descartes prennent par endroits le relais de l'*Apologie de Raymond Sebond*, et l'on a la surprise de voir rapportée à l'auteur des *Essais*

53. La règle fondamentale d'Épictète, « suivre Dieu », est aussi, en un autre sens bien sûr, celle de Saint-Cyran, voir J. LAPORTE, *Saint-Cyran*, Paris, 1923, pp. 62-85.

l'hypothèse du malin génie[54]. Ce n'est pas à dire que Montaigne en acquière la moindre teinte cartésienne. C'est l'inverse qui se produit : le doute cartésien n'a plus rien de méthodique ; il se confond avec le doute pyrrhonien. En présentant Montaigne, Pascal suit son propre chemin, essayant d'aller jusqu'au bout d'une certaine attitude philosophique. Il se trouve d'ailleurs que plusieurs passages de l'*Entretien* ne renvoient ni à Montaigne, ni à Descartes, mais à lui-même. Des rapprochements particulièrement intéressants s'imposent avec le célèbre opuscule *De l'Esprit géométrique*[55]. Pourtant la perspective n'est pas du tout la même de part et d'autre. Ce qui, d'un côté, tend à montrer l'impuissance radicale de la raison, de l'autre, en marque seulement les limites et définit les conditions de son bon usage. Loin de prêter ses propres idées à Montaigne, Pascal les déforme pour les faire entrer dans le système qu'il lui prête. Nouvelle preuve d'un dessein qui dépasse Montaigne et qui consiste à envisager sous toutes ses faces un scepticisme radical.

Même si Pascal n'adhère pas totalement à ce scepticisme, il reste qu'il exerce sur lui une très grande séduction. Le développement qu'il lui consacre est le plus long de l'*Entretien* et c'est là que des emprunts à Descartes et des thèmes personnels souli-

54. Voir ci-dessous, p. 107. Autre emprunt à Descartes, p. 105. Nous croyons utile de faire encore un troisième rapprochement, p. 109.

55. Voir PASCAL, *Œuvres complètes*, éd. citée, t. III, pp. 142, n. 2 ; 143, n. 1 et 3.

gnent l'étendue de la réflexion dont Montaigne a été le prétexte. Mais ce doute systématique, encore qu'il réservât le domaine de la foi, était bien fait pour heurter un chrétien soumis et soucieux de tradition tel qu'était M. de Sacy. Il n'est pas étonnant que sa première intervention se place à la fin de cet exposé.

Voilà des preuves décisives que Fontaine, en prétendant rapporter des propos de Pascal, ne faisait que reproduire un texte écrit, dont l'attribution ne pouvait souffrir aucun doute. Son rôle a simplement consisté à découper cet écrit, d'une manière d'ailleurs assez habile. Sacy n'est pas donné pour avoir réagi à la présentation d'Épictète. La première coupure (n°s 3 et 4) est placée à peu près au centre de l'entretien proprement dit ; elle marque la séparation entre l'analyse du pyrrhonisme de Montaigne et celle de son épicurisme ; elle souligne une divergence entre les interlocuteurs qui porte précisément sur la signification pratique de ce pyrrhonisme. La seconde se situe à la fin de l'affrontement institué, avec le secours de la théologie, entre les deux philosophes, avant que ne soit ensuite définie l'utilité de leur lecture, terme du discours de Pascal. Dans ce discours, Fontaine a évidemment introduit quelques incises, peut-être quelques gloses. Mais il n'est aucune raison de soupçonner qu'il se soit permis de longues interventions, ni qu'il ait changé le caractère de l'écrit qu'il suivait.

En effet, le texte abonde en brachylogies, en archaïsmes, en audaces d'expression qui auraient pu aisément appeler des retouches. Il en est demeuré un si grand nombre qu'on peut douter de l'existence d'aucune correction. Nous voilà très loin de la désinvolture que révèlent et l'édition des *Pensées* dite de Port-Royal, et même celle des *Provinciales* au-delà de l'édition originale. Fontaine aurait-il été, à Port-Royal, l'homme le plus respectueux du texte de Pascal ? Nous ne sommes pas loin de le croire.

Reconnaissons-le toutefois, l'écrit qu'il nous a transmis est d'une qualité pratiquement constante. Le recours à l'original de l'*Entretien* fait disparaître les obscurités, les négligences, les malfaçons qui pouvaient donner le sentiment de notes encore proches du brouillon. L'écrit est plus achevé que la plupart des opuscules de Pascal. Vouloir le retoucher était s'obliger à le remettre entièrement sur le métier. Fontaine aura reculé devant cette perspective, d'autant qu'il était fort capable de saisir la beauté de l'ouvrage original.

Il faut donc renchérir sur le jugement que prononçait l'abbé d'Étémare lorsque, écrivant à Marguerite Périer au lendemain de la première publication de l'*Entretien*, il disait de cet écrit : « Il est indubitablement de M. Fontaine pour le style, mais il porte pour le fond le caractère de M. Pascal à un point qu'il est bien certain que M. Fontaine ne pouvait inventer rien de pareil[56] ? » Non seulement le fond est de Pascal, mais le style l'est aussi. Comment, dans le cas contraire, le texte des citations aurait-il été si exactement respecté ?

56. Voir la référence indiquée ci-dessus, p. 13, n. 1.

De l'écrit qu'il avait sous les yeux, Fontaine a effectué, pour l'essentiel, une simple copie.

Sous quelle forme se présentait cet écrit ?

Il faut d'abord qu'il ait pu se prêter à une mise en œuvre dialoguée, constituer un élément d'un entretien. Ce qui oblige à préciser la manière dont a été construit le rôle de Sacy.

Celui-ci, comme il résulte du schéma précédemment élaboré, se répartit entre les numéros 3, 4, 6 et, quelque peu, 8. L'armature en est constituée, comme on l'a vu, par une longue série de citations relatives à la lecture des auteurs païens, qui nous ont paru avoir été recueillies par Sacy lui-même. Les paroles qui les accompagnent nous font-elles entendre le solitaire ? Sans doute, parce qu'on y reconnaît la même méfiance à l'endroit des auteurs païens que dans les citations elles-mêmes et que les citations pouvaient être accompagnées de quelques notes. Mais Fontaine a été trop longtemps familier de Sacy, il a eu trop de conversations avec lui pour ne pas avoir pu nourrir le commentaire des citations de nombreux souvenirs, qui n'étaient pas nécessairement liés à l'entretien avec Pascal. Il a aussi bien pu imaginer la totalité du commentaire, sans avoir pour autant été infidèle à l'esprit de Sacy.

Dans la pratique, le problème à résoudre est le suivant : quel rapport établir entre l'écrit de Pascal et les citations réunies par Sacy ?

Pour y voir clair, il faut prendre du recul et se familiariser avec les habitudes de Fontaine dans la composition de ses *Mémoires*. L'auteur n'y a pas inséré moins de trente-six entretiens, sans doute bien davantage : témoignage d'un goût prononcé pour une forme transmise par la tradition rhétorique. Or certains de ces entretiens sont manifestement fictifs : ils ont été construits à partir de lettres. Des travaux divers ont permis de l'établir pour quatre d'entre eux[57]. Ce n'est pas à dire qu'il en aille de même pour les autres; et notamment, comme on l'a soutenu[58], pour celui qui met en scène Pascal. On admettra volontiers que beaucoup d'entre eux ont été fabriqués. Mais ils ont pu l'être à partir de documents de types variés.

D'ailleurs, contrairement aux apparences, le recours à des lettres ne crée pas une situation particulièrement favorable. Observons la structure des entretiens dont les sources épistolaires ont été mises en évidence[59]. Ils présentent un caractère commun : ils mettent en présence maître et disciple. Le maître parle à peu près seul et le disciple ne tient que des propos insignifiants, posant des questions dont les termes sont visiblement tirés de la réponse qui suit. La substance empruntée aux lettres est tout entière placée dans la bouche d'un même interlo-

57. Voir principalement Geneviève DELASSAULT, *Le Maistre de Sacy et son temps*, Paris, Nizet, 1957, pp. 67-73.

58. Paul-Louis COUCHOUD, « L'Entretien de Pascal avec M. de Sacy a-t-il eu lieu? », *Mercure de France*, 1951-I, pp. 216-228.

59. FONTAINE, *Mémoires*, t. I, pp. 196-197 (Saint-Cyran - Le Maistre), 213-216 (Saint-Cyran - Singlin), 391-392 (Sacy - Fontaine), t. II, p. 513 (Sacy - Fontaine). Nous limitons nos références aux passages pour lesquels l'utilisation de lettres est certaine.

cuteur. Le dialogue n'est au fond qu'un monologue. Malgré les apparences, il est presque inévitable que de l'utilisation d'une correspondance dérivent des entretiens de ce type. Qui dit correspondance dit échange : l'affirmation est vraie en principe, mais il ne faut pas oublier la situation concrète du mémorialiste, qui travaille d'après les papiers qui lui sont venus entre les mains : il est exceptionnel qu'il puisse utiliser à la fois lettre et réponse, car ces deux documents n'appartiennent qu'exceptionnellement au même fonds. Qu'on lise attentivement les *Mémoires* de Fontaine en essayant de reconnaître la documentation utilisée ; on découvrira maintes illustrations de ce fait. Que de fois le mémorialiste, avant de publier textuellement une lettre, résume-t-il en termes vagues une autre lettre qui l'a précédée et dont il imagine manifestement le contenu en fonction de la réponse, qu'il avait seule en main[60]. Cette recherche des sources, même s'il est impossible de la mener jusqu'à son terme avec une rigueur absolue, permet aussi d'établir avec certitude de quels papiers se composait, pour l'essentiel, la documentation de Fontaine : il possédait, outre ses papiers personnels, ceux de Sacy, qui s'étaient eux-mêmes grossis de ceux que le solitaire avait reçus de son frère Le Maistre, de Rebours et de Singlin. On voit que les lettres sur lesquelles reposent les quatre entretiens

60. Ainsi, t. I, pp. 101-102 ; une lettre de Le Maistre à Saint-Cyran fait l'objet d'une simple mention ; mais la réponse de Saint-Cyran est publiée (parce que Fontaine l'avait trouvée dans les papiers de Le Maistre).

fictifs signalés plus haut se trouvaient tout naturellement aux mains de Fontaine, à l'exception toutefois de la dernière, dont le destinataire est incertain ; mais cette lettre avait été publiée en 1690, c'est-à-dire avant la rédaction des *Mémoires*.

Au contraire, l'*Entretien avec M. de Sacy* met aux prises deux interlocuteurs doués de fortes personnalités et qui s'affrontent. Il est difficile de faire reposer un seul rôle sur des lettres, à l'exclusion de l'autre. Or Fontaine n'aurait pu disposer que des lettres de Pascal, entrées dans les papiers du destinataire Sacy. Difficulté qui en entraîne plusieurs autres.

Mais il est inutile de réfuter plus longuement cette thèse. Pascal définit lui-même le genre auquel appartient ce que nous avons considéré comme un écrit de lui. Après avoir défini certaines de ses intentions, il poursuit : « comme j'ai tâché de faire dans cette étude[61] ». L'emploi de ce mot serait bien étonnant si le texte primitif avait revêtu la forme épistolaire. La composition très rigoureuse que nous avons mise en évidence ne serait nullement de mise pour une lettre ; elle l'est pour une étude, que l'on pourrait aussi bien appeler « mémoire » ou « rapport ».

Quant aux propos de Sacy, imagine-t-on, s'ils étaient entrés dans une lettre, une telle accumulation de citations latines ?

Pour fonder une hypothèse vraisemblable, il faut prendre appui sur l'écrit de Pascal, l'élément le plus étendu, le plus autonome, le plus solidement char-

61. Ci-dessous, p. 123.

penté de l'*Entretien*. On a remarqué le soin avec lequel il avait été rédigé. Pourquoi, sinon parce qu'il ne devait pas rester dans des cartons, mais qu'il s'adressait à un destinataire de marque ? Peut-on dès lors songer à un autre que M. de Sacy ? C'est la manière la plus simple et la plus plausible d'expliquer que Fontaine soit entré en possession de cet écrit.

C'est à partir de cet écrit qu'il a conçu l'idée d'un entretien. Pour construire le rôle de Sacy, peut-être disposait-il de notes, de références, de citations, portées par le solitaire sur le manuscrit qu'il avait reçu, ou sur des feuillets joints. Cette solution particulièrement élégante ne pourra faire l'objet que d'une hypothèse tant qu'on ne disposera pas de l'écrit lui-même. Une autre, plus banale et plus simple, ferait dépendre le rôle de Sacy de souvenirs que Fontaine aurait gardés de conversations tenues en divers temps, de la consultation de papiers laissés par Sacy, et principalement d'un recueil d'*excerpta* classés par thèmes, comme en constituaient les ecclésiastiques cultivés du temps, les thèmes exploités dans l'*Entretien* étant ceux de l'éducation des enfants et de l'utilisation à cette fin des auteurs profanes.

On ne peut cependant éliminer tout fond de réalité dans la mise en scène conçue pour les *Mémoires*. Il est certain que Pascal nouvellement converti eut, à Port-Royal des Champs, des entretiens avec M. de Sacy. A l'occasion de l'un d'eux, le sujet ayant été abordé, comme il était naturel en un lieu où, à l'époque, l'éducation occupait tous les esprits, il aura reçu la demande d'une « étude » sur ses lectures profanes et sur leur possible exploitation pédagogique. Sacy aura obtenu satisfaction, soit pendant le séjour même de Pascal à Port-Royal des Champs, soit quelque temps après.

III. HUMANISME ET THÉOLOGIE

Si, pour apprécier la signification de l'*Entretien*, on suit rigoureusement la lettre du texte, on doit en effet lui reconnaître une portée avant tout pédagogique.

Pascal a été interrogé par Sacy sur ce qu'il était censé connaître le mieux, sur ses lectures philosophiques, sur les auteurs profanes dont il s'était nourri. Le solitaire a-t-il voulu simplement par là trouver un sujet de conversation approprié à son interlocuteur, comme la peinture avec Philippe de Champaigne, comme la médecine avec Jean Hamon ? Peut-être à l'origine, mais il faut que bien vite la portée du sujet soit apparue considérable, puisqu'il pria Pascal de « lui en parler à fond[62] », et, pouvons-nous ajouter, de mettre par écrit ce qu'il avait exposé oralement.

Pascal se trouvait en effet aborder, et renouveler un vieux problème, cher aux Pères de l'Église et particulièrement à saint Augustin, celui de l'utilité des lectures profanes dans une perspective chrétienne. Problème fort important à l'époque.

62. Ci-dessous, p. 93.

L'humanisme avait fait accorder une place de choix aux auteurs grecs et latins dans les programmes d'éducation. Les collèges de jésuites, où se dispensait un enseignement modernisé, avaient adopté le même principe. Les maîtres des « petites écoles » de Port-Royal, malgré leur christianisme plus exclusif, ne formaient pas moins bien leurs élèves aux humanités : une pédagogie moderne ne pouvait alors se concevoir autrement. Les enfants élevés à Port-Royal autour de l'année 1655 étaient issus d'une génération très marquée par le stoïcisme, et ils voyaient proposer dans le monde un idéal d'« honnête homme » qui devait beaucoup à Montaigne. Leurs éducateurs ne pouvaient négliger cette situation. Sacy lui-même se piquait quelque peu de belles lettres. Il avait traduit en français, « avec le texte latin à côté », des œuvres pour la jeunesse, *Fables* de Phèdre, *Comédies* de Térence (expurgées[63]). Cependant, pour un homme aussi sensible que lui à l'opposition radicale entre le monde et Dieu, il y avait là une difficulté. Son humanisme purement littéraire et moralisant laissait de côté les auteurs philosophiques et leurs émules de l'époque humaniste, tels que Montaigne. On a vu aussi avec quelle vigueur il rejetait Descartes, cher à Arnauld, à Nicole, au duc de Luynes, et lu de fort près par Pascal. Pour le solitaire, saint Augustin est la somme de toute philosophie et de toute théologie.

63. Sur ces ouvrages, voir G. DELASSAULT, *op. cit.*, pp. 23-24.

Son interlocuteur de l'*Entretien* reconnaît bien la théologie comme « le centre de toutes les vérités[64] » ; et l'on peut assurer que cette théologie est augustinienne. Mais en maintenant la coupure entre humanisme et théologie, il trouvait le moyen de la franchir par le moyen d'une puissante dialectique : sur les ruines entassées par le choc des opinions humaines, toujours partielles et contradictoires, s'édifiait la vérité totale du christianisme. Sans cesser de faire de la conversion du cœur le moyen nécessaire d'accès à Dieu, Pascal sauvegardait l'utilité des lectures profanes, considérées comme une sorte de médecine, utile pour corriger un penchant dangereux, rétablir un équilibre compromis, troubler une quiétude fâcheuse, prévenir les tentations de l'irréligion. La conclusion de l'écrit de Pascal est de caractère nettement pédagogique, en allant même, comme il se doit, jusqu'au point où la pédagogie se confond avec la direction spirituelle. Les lectures profanes « doivent être réglées avec beaucoup de soin, de discrétion et d'égard à la condition et aux mœurs de ceux à qui on les conseille[65] ». De la lecture combinée d'Épictète et de Montaigne, on peut attendre un heureux résultat, « parce que l'une s'oppose au mal de l'autre : non qu'elles puissent donner la vertu, mais seulement troubler dans les vices[66] ». Pour passer du profane au religieux, un saut est toujours nécessaire, mais

64. Ci-dessous, p. 127.
65. Ci-dessous, p. 131.
66. *Ibid.*

il peut être préparé, suggéré par une réflexion d'ordre exclusivement profane. Devant la relative conciliation tentée par Pascal, M. de Sacy résiste vigoureusement. Lorsqu'il accumule les citations de saint Augustin, il s'agit toujours de passages condamnant les lectures profanes. Mais, puisque Fontaine conclut par l'affirmation d'un accord, plus apparent sans doute que réel, entre les deux interlocuteurs, il faut croire que Sacy a été vivement frappé par les vues qui lui avaient été exposées, et l'on ne sera pas surpris qu'il en ait demandé un compte rendu écrit.

Mais les critiques, en général, n'ont pas prêté grande attention à la lettre du texte. Ils ont été beaucoup plus sensibles à ce qui, dans l'*Entretien*, et spécialement dans l'écrit de Pascal, annonce les *Pensées*, à tout ce qui peut ressembler à une démarche apologétique[67]. Il est bien certain qu'aux exposés successifs de la philosophie d'Épictète et de celle de Montaigne s'entrelace le double thème de la grandeur et de la misère de l'homme. Il n'est pas moins certain que ces deux philosophies se détruisent l'une l'autre « pour faire place à la vérité de l'Évangile[68] », et que le recours à l'enseignement divin permet seul de comprendre les contradictions de la nature humaine. Tout humanisme véritable relève du christianisme et reflète « l'union ineffable de

67. On consultera principalement la remarquable étude d'Henri GOUHIER, « L'Entretien de Pascal avec M. de Sacy et les origines de son apologétique », *Blaise Pascal, Commentaires*, Paris, Vrin, 1966, pp. 67-125; 3e éd., 1984.

68. Ci-dessous, p. 126.

deux natures dans la seule personne de l'Homme-Dieu[69] ».

Si le rapport est ainsi admirablement posé entre philosophies profanes et théologie augustinienne, si l'éclatement des premières, à la fois rachetées et transcendées dans la seconde, est dépeint avec une force qui subjugue, on ne peut dire qu'un raisonnement apologétique, cherchant l'efficacité démonstrative, soit réellement mené. La portée de l'*Entretien* en ce domaine ne peut donc être définie qu'avec prudence.

Examinons tous les rapprochements qui peuvent se faire entre le texte de l'*Entretien* et celui des *Pensées*. L'original du premier fournit de nouvelles données à ce sujet et son authenticité plus sûre permet une meilleure précision.

Avant de fournir d'éventuelles lumières sur la portée apologétique de l'*Entretien*, ces rapprochements peuvent avoir une double fonction critique et historique. Sur le premier point, dans l'important travail qui a déjà été mentionné[70], Yoichi Maeda raisonnait ainsi : puisque certains passages de l'*Entretien* se retrouvent dans les *Pensées*, comparons le texte de Fontaine avec celui des fragments originaux d'une part, avec celui de l'édition de Port-Royal d'autre part. Dans sa retraite de Melun, le mémorialiste n'a pu connaître que cette édition. Si la dépendance de son texte par rapport à celui de l'édition est démontrée, Fontaine aura puisé dans

69. *Ibid.*, p. 126.
70. Ci-dessus, p. 42.

cette édition les propos qu'il prête à Pascal, propos qui seront désormais à considérer comme fabriqués. Si au contraire la ressemblance est plus grande avec le manuscrit original, l'authenticité de ces propos et l'existence d'une source écrite ne pourront plus être mis en doute. On sera donc en mesure d'établir la situation respective de l'*Entretien* et des *Pensées* dans le temps, c'est-à-dire l'antériorité de l'un ou de l'autre texte.

Deux rapprochements quasi textuels s'offrent à nous. Pour des raisons, semble-t-il, purement techniques, mais qui créent une double et extraordinaire coïncidence, la ressemblance des textes ressort mal des copies et n'éclate qu'avec l'original. Voilà qui confirme encore l'intérêt exceptionnel de ce nouveau manuscrit.

Le premier rapprochement porte sur le thème « la vie est un songe[71] ». Le texte de l'*Entretien* trouve son double dans les *Pensées* à la fois selon l'édition de Port-Royal et selon l'autographe. Or la première a effectué des remaniements considérables : l'autographe est beaucoup plus proche de l'*Entretien*. Fontaine travaillait donc sur un manuscrit de Pascal, indépendant de celui des *Pensées*, où le thème est toutefois repris.

Quel est le plus ancien ? Certainement celui de l'*Entretien*. Le passage, dans les *Pensées*, est plus travaillé, et surtout il s'est détaché de toute réfé-

71. Ci-dessous, p. 109 ; Pensées, Laf. 131 ; Sell. 164 ; éd. de Port-Royal, XXI, 1 : on peut se reporter au *reprint* de Georges Couton et Jean Jehasse, Univ. de Saint-Étienne, 1971, pp. 271-272.

rence à Montaigne. Il a pris un tour plus général : c'est toute la secte des pyrrhoniens qui est désormais visée. Le doute porté dans l'*Entretien* sur la possession par l'homme des « principes du vrai » s'étend, dans les *Pensées*, à la fois aux « principes du vrai et du bien » : dédoublement qui s'opère à maintes reprises et constitue l'une des différences majeures entre l'*Entretien* et les *Pensées*.

Le second rapprochement porte sur la nature, douée de perfections, parce qu'elle est l'image de Dieu, et porteuse de défauts parce qu'elle n'en est que l'image[72]. En l'occurrence, Fontaine n'a pas pu du tout s'inspirer de l'édition de Port-Royal, puisque le fragment était encore inédit. C'est le P. Desmolets qui le publiera pour la première fois, en 1728, en même temps que l'*Entretien*, mais tout à fait à part, dans une *Suite des Pensées* : l'oratorien, de par ses sources, ignorait l'existence d'un passage semblable dans l'écrit que renfermait le même volume.

Quel est encore le texte le plus ancien ? Toujours celui de l'*Entretien*. Celui des *Pensées*, plus bref, est aussi plus dense et plus expressif, notamment par l'emploi du mot de « perfections », qui manque de l'autre côté, et qui fournit, par rapport à « défauts », l'antithèse nécessaire.

Ces résultats décisifs confèrent une autorité accrue à ceux qui avaient été obtenus, sur des exemples

72. Ci-dessous, pp. 122-123 ; *Pensées*, Laf. 934 ; Sell. 762. Pour la publication par Desmolets, voir le *reprint* cité à la note précédente, p. 600.

moins nets, par Yoichi Maeda et par Pierre Courcelle.

Yoichi Maeda s'est surtout attaché à relever des ressemblances textuelles. L'*Entretien* fait remarquer que, selon les hommes, les mêmes mots peuvent recouvrir des idées différentes, même si tous ceux qui les emploient en tirent des conséquences identiques. Les *Pensées* fournissent un développement parallèle[73]. Or les similitudes les plus évidentes n'apparaissent pas dans l'édition de Port-Royal. Le passage de l'*Entretien* qui souligne la difficulté de comprendre comment une âme peut être unie à un corps renvoie tout naturellement, surtout lorsqu'on l'a rattaché à sa source dans les *Essais*, à la fin du fragment *Disproportion de l'homme*[74] : la situation par rapport à l'édition de Port-Royal est pratiquement la même que précédemment.

Pierre Courcelle a surtout tenu à mettre en évidence les parentés de raisonnement, accompagnées de nombreuses ressemblances de détail, entre l'*Entretien* et trois grands fragments des *Pensées* qui, faisant s'entrechoquer en l'homme misère et grandeur, montrent l'impossibilité de résoudre cette contradiction sans l'intervention de Dieu, de la « Sagesse » divine, de la révélation chrétienne[75] :

73. Voir ci-dessous, p. 108 ; *Pensées*, Laf. 109 ; Sell. 141 ; Port-Royal, XXXI, éd. citée, p. 433. Voir MAEDA, *Les arguments apologétiques*, pp. 69-71, 86-88.

74. Voir MAEDA, *op. cit.*, pp. 62-63, 77-78 ; ci-dessous, p. 104-105, *Pensées*, Laf. 199 ; Sell. 230 ; Port-Royal, éd. citée, p. 443.

75. Laf. 131, 149, 208 ; Sell. 164, 182, 240. Voir COURCELLE, *op. cit.*, pp. 134-135.

démarche identique à celle de l'*Entretien*, avec lequel les trois fragments considérés permettent une comparaison d'ensemble, particulièrement décisive pour situer chronologiquement les deux ouvrages l'un par rapport à l'autre.

La comparaison, dans tous les cas, conduit à la même conclusion : la rédaction de l'*Entretien* est antérieure à celle des *Pensées*.

On remarquera d'abord que la première personne, constamment employée dans l'*Entretien*, où la forme du dialogue l'appelle, est presque toujours absente des pensées correspondantes. En particulier, s'adressant à M. de Sacy, Pascal explique en son nom propre que la source des erreurs opposées d'Épictète et de Montaigne « est de n'avoir pas su que l'état de l'homme à présent diffère de celui de sa création[76] ». Dans les *Pensées*, c'est la « Sagesse de Dieu » qui dit aux hommes, au cours d'une ample prosopopée : « Vous n'êtes pas dans l'état de votre création. » L'idée a pris une forme plus impersonnelle, plus objective. Qu'il s'agisse là d'une étape postérieure, le souci d'une présentation plus recherchée, avec recours à la figure de la prosopopée, suffirait à nous en convaincre. Mais une autre observation offre un caractère plus décisif. Dans l'*Entretien*, l'union qui s'établit entre les « contrariétés » ouvre la voie à une « sagesse… céleste » infiniment supérieure à celle des « sages du monde[77] ». Dans les *Pensées* se manifeste en personne la « Sagesse

76. Voir ci-dessous, p. 124.
77. Voir ci-dessous, p. 126.

de Dieu ». Le passage, en deux étapes distinctes, de l'idée abstraite à la représentation personnifiée, est tout à fait naturel ; le cheminement inverse serait inexplicable.

Autre différence significative : l'*Entretien* oppose exclusivement Épictète et Montaigne, même s'il les considère en définitive comme « les deux plus illustres défenseurs des deux plus célèbres sectes du monde[78] ». Dans les pensées correspondantes, l'attention ne se porte jamais sur des philosophes particuliers, mais toujours sur des doctrines, des écoles. La perspective adoptée a pris un caractère plus général. Or il y a tout lieu de croire que Pascal, selon la démarche naturelle du géomètre, a progressé dans le sens du particulier au général, ce qui oblige à conclure à l'antériorité de l'*Entretien*. On peut d'ailleurs montrer, à la suite de Pierre Courcelle, que l'auteur des *Pensées*, définissant en termes généraux telle ou telle attitude philosophique, se réfère implicitement à Épictète ou à Montaigne, manifestant ainsi que sa réflexion s'est élaborée à partir de leur lecture. Lorsque la « Sagesse de Dieu » désigne, sans autre précision, ces philosophes qui « vous ont donné Dieu pour objet », elle emploie une formule qui, dans l'*Entretien*, servait à caractériser Épictète[79]. A une pensée selon laquelle l'homme privé de la révélation n'a pu « fuir ou l'orgueil ou la paresse, qui sont les deux sources de tous les vices, puisqu'il ne peut sinon ou s'y aban-

78. Voir ci-dessous, p. 122.
79. Voir ci-dessous, p. 93.

donner par lâcheté, ou en sortir par l'orgueil », répond, dans l'*Entretien*, la remarque : « S'ils ne demeurent dans leurs désordres par lâcheté, ils en sortent par vanité[80]. » L'emploi du mot « vanité », plus conforme aux habitudes de langage de Montaigne, signale certainement la formulation primitive de l'idée ; la substitution du mot « orgueil », au contenu plus proprement religieux, n'étant intervenue que lors d'une seconde étape. De l'*Entretien* aux *Pensées*, la distance chronologique est donc rendue sensible par un effort dans le sens d'une généralisation plus grande et d'une systématisation plus rigoureuse.

L'écart apparaîtra plus grand encore si l'on donne à la remarque précédente un complément indispensable. A lire l'*Entretien*, il semble qu'avec Épictète et Montaigne sont épuisées toutes les attitudes philosophiques possibles pour l'homme, « puisqu'on ne peut suivre qu'une de ces deux routes, savoir : ou qu'il y a un Dieu, et lors y placer son souverain bien ; ou qu'il est incertain, et qu'alors le vrai bien l'est aussi, puisqu'il en est inséparable[81] ». Dans les *Pensées*, comme un exemple particulier l'a déjà montré, le problème de la connaissance et celui du souverain bien sont toujours soigneusement distingués, et quatre sectes s'opposent deux à deux, celles « des stoïques et des épicuriens, des dogmatistes et des académiciens[82] », ces derniers le plus

80. Voir ci-dessous, p. 124.
81. Voir ci-dessous, p. 122.
82. Laf. 208 ; Sell. 240.

souvent remplacés par les pyrrhoniens. L'analyse gagne ainsi, non seulement en généralité, comme nous l'avons déjà indiqué, mais surtout en précision et en complexité. De plus, si l'*Entretien* critique à peu près exclusivement la morale de Montaigne, les *Pensées* se placent aussi sur le terrain épistémologique et dénoncent l'insuffisance du pyrrhonisme, avec souvent reprise du même vocabulaire[83]. La chronologie qui déjà s'est imposée à nous se trouve confirmée d'une façon décisive. Il convient même d'admettre un intervalle de temps assez considérable entre les deux étapes désormais très clairement distinguées.

Confirmation qu'un écrit autonome de Pascal a bien été inséré dans l'*Entretien*, antériorité de celui-ci par rapport aux *Pensées*, mais ressemblances nombreuses, d'idées et d'expression, entre les deux ouvrages. Voici à quelles conclusions mènent ces résultats désormais solidement établis.

Si vraiment Pascal a remis à Sacy l'écrit qu'il avait composé, comme il y a beaucoup de raisons de le croire, il aura certainement conservé par devers lui, non seulement les *excerpta* mis en œuvre, mais une grande partie des notes qu'il avait prises en vue de sa rédaction. Il n'est pas d'autre moyen d'expliquer les ressemblances textuelles d'expression avec les *Pensées*.

On ne doit pas exagérer cependant le nombre de ces ressemblances textuelles. En revanche, il convient

83. Comparer ci-dessous, p. 108, et *Pensées*, Laf. 110; Sell. 142.

d'insister sur l'effort de généralisation qui a été accompli de l'*Entretien* aux *Pensées*. C'en est assez pour distinguer deux desseins différents.

Est-il possible de les situer dans le temps l'un par rapport à l'autre ? Un seul rapprochement autorise une conclusion assez précise : c'est celui, tout nouveau, qui concerne la nature image de Dieu. Le texte des *Pensées* ne se rattache nullement au projet d'*Apologie de la religion chrétienne* ; il ne figure même pas dans les fameuses *Copies*. Il a simplement été collé dans le recueil des fragments originaux. Or, sur le même papier, à la suite, Pascal a porté un fragment relatif à la grâce, qui signifie substantiellement : les hommes récompensent le mérite qu'ils trouvent formé ; Dieu forme le mérite qu'il récompense[84]. Le rapport est évident avec certains thèmes des *Écrits sur la grâce* et avec les premières *Provinciales* : on peut donc dater ce fragment, par suite celui qui le précède, du début de l'année 1656. Puisque le texte de l'*Entretien* est antérieur à celui des *Pensées*, l'écrit transmis par Fontaine se trouve tout naturellement rapporté à l'année 1655, c'est-à-dire à la date que le mémorialiste propose.

Les autres rapprochements se font tous avec des fragments des *Pensées* insérés dans les liasses à titres des *Copies*, et non datables avec précision. Ils n'autorisent donc aucune conclusion. Étant admis que Pascal avait conservé des notes remontant à la préparation de l'*Entretien*, il a pu les utiliser à n'importe quel moment, même tardif. Aucune

84. Laf. 935 ; Sell. 762.

raison ne peut donc s'appuyer sur ce travail de mise en parallèle des deux textes pour contester l'affirmation de Gilberte Pascal, dans la *Vie* de son frère, lorsqu'elle rattache la naissance du projet d'*Apologie* au miracle de la Sainte-Épine (24 mars 1656) et à la réflexion générale sur les miracles qu'il aurait déclenchée[85].

Mais il faut aussi se placer à un niveau plus profond. Possédé par le besoin de convaincre, Pascal n'a jamais perdu de vue les diverses catégories d'adversaires vis-à-vis desquels il devait exercer son « art de persuader »; et, si les « libertins » n'ont pas toujours été au premier rang, ils sont plus ou moins directement impliqués dans des entreprises ou des projets qui se rattachent, soit à la polémique théologique ou morale, soit à la réflexion spirituelle : la lutte contre un christianisme trop « mondain » et la formation du chrétien à la conversion du monde à Dieu s'opèrent selon des cheminements comparables à ceux qui font passer de l'incroyance à la foi.

Aussi peut-on lire en filigrane l'annonce d'un projet apologétique — encore qu'il s'agisse plutôt de polémique — dans les déclarations de Pascal à M. de Rebours, confesseur des religieuses de Port-Royal de Paris, en 1648 : « que l'on pouvait, selon les principes mêmes du sens commun, montrer beaucoup de choses que les adversaires disent lui être contraires, et que le raisonnement bien conduit portait à les croire, quoiqu'il les faille croire sans

85. Voir PASCAL, *Œuvres complètes*, éd. citée, t. I, pp. 617-618.

l'aide du raisonnement[86] ». La réaction très réticente de Rebours à la pensée de cette intrusion du profane dans le sacré n'est pas sans ressemblance avec celle de Sacy voyant Épictète et Montaigne présentés comme introducteurs à la théologie. De même, un texte aussi profondément spirituel que le *Mémorial* renferme de très précises suggestions apologétiques. Outre le thème, déjà rappelé, de la « grandeur de l'âme humaine », il donne de véritables indications de méthode : « Il ne se trouve que par les voies enseignées dans l'Évangile »; à quoi fait écho, pour celui qui a connu la conversion : « Il ne se conserve que par les voies enseignées dans l'Évangile[87]. » Le *Mémorial* n'en demeure pas moins extérieur à tout dessein apologétique.

C'est de la même manière que l'*Entretien*, plus encore que les textes précédemment cités, n'est pas étranger au dessein apologétique, quoiqu'il lui soit extérieur. Quelques remarques montreront la différence entre ces deux adjectifs.

A propos de Montaigne, Pascal observe que, s'appuyant sur son scepticisme, « il combat avec une fermeté invincible les hérétiques de son temps, sur ce qu'ils s'assuraient de connaître seuls le véritable sens de l'Écriture; et... foudroie plus vigoureusement l'impiété horrible de ceux qui osent assurer que Dieu n'est point[88] ». Humiliée et mise « en parallèle avec les bêtes », la raison livrée à ses seules

86. *Ibid.*, t. II, p. 555.
87. *Ibid.*, t. III, pp. 50 et 51.
88. Ci-dessous, p. 103.

forces ne peut qu'avouer son impuissance, « jusqu'à ce qu'elle soit instruite par son Créateur même de son juste rang qu'elle ignore[89] ». Mais en développant ces idées, Pascal ne fait, comme il le souligne lui-même, que résumer l'*Apologie de Raymond Sebond*, laquelle se présente effectivement comme un essai d'apologétique. La visible complaisance qu'il témoigne pour la méthode suivie dans cet essai ne s'accompagne d'aucune adhésion expresse, ni d'aucune volonté affirmée de définir une méthode personnelle. Si vraiment Pascal avait voulu consulter Sacy sur un projet de ce genre, il aurait dû s'y prendre plus clairement.

En fait, c'est seulement dans sa conclusion, après avoir suscité le choc entre Épictète et Montaigne, que Pascal s'explique en son nom propre et donne une idée de ce qu'il ne serait pas tout à fait impossible de considérer comme un projet personnel d'apologétique. Il « trouve dans Épictète un art incomparable pour troubler le repos de ceux qui le cherchent dans les choses extérieures » et pour les inviter à se donner « sans réserve à Dieu seul[90] ». Montaigne lui semble « incomparable pour confondre l'orgueil de ceux qui, hors la foi, se piquent d'une véritable justice;... et pour convaincre si bien la raison de son peu de lumière et de ses égarements qu'il est difficile, quand on fait un bon usage de ces principes, d'être tenté de trouver des répugnances dans les mystères[91] ». Mais s'agit-il là véritable-

89. Ci-dessous, p. 110.
90. Ci-dessous, pp. 129-130.
91. Ci-dessous, p. 130.

ment d'apologétique? Pascal songe-t-il à exploiter Épictète et Montaigne contre les incroyants? Chercher le repos dans les choses extérieures n'est-il pas considéré comme un danger qui menace les croyants, plutôt que comme une caractéristique de l'incroyance? Se piquer d'une véritable justice « hors la foi », c'est-à-dire indépendamment d'une foi que l'on peut fort bien posséder, n'est-il pas le fait de bien des chrétiens? N'est-ce pas ce que l'auteur des *Provinciales* reproche aux jésuites? Enfin, qui peut « être tenté de trouver des répugnances dans les mystères », sinon ceux que leur éducation chrétienne a instruits des mystères? D'ailleurs, qui veut « juger si l'Incarnation ou le mystère de l'Eucharistie sont possibles »? Non pas les incroyants, non pas les protestants, mais les « hommes du commun ». Pascal songe moins aux objections des libertins qu'aux doutes susceptibles de surgir dans la conscience des croyants.

C'est bien à ce point de vue que Sacy se place lui-même lors de ses interventions, la seconde notamment. Les lectures dont Pascal tire un si grand profit lui semblent risquer de nuire « à beaucoup de gens dont l'esprit se traînerait un peu », d'« obscurcir la foi chancelante de ceux qui les lisent[92] ». Le problème soulevé dans l'*Entretien* est celui de savoir comment cultiver la foi chez ceux qui la possèdent : il est d'ordre *pédagogique*.

Mais les auteurs transmis par la tradition humaniste, utilisables, par un savant dosage, pour la

92. Ci-dessous, pp. 128-129.

formation du chrétien, ne le sont pas moins, en puissance, pour la conversion de l'incroyant : du fait que celui-ci en tire sa seule règle de pensée et de vie, c'est vraiment argumenter *ad hominem* que de lui montrer ses maîtres le conduisant fort loin de ce qu'il croyait y trouver. Mais, comme on l'a déjà souligné, il n'y a pas, à proprement parler, dans l'*Entretien*, de raisonnement, de volonté démonstrative. La pédagogie et la conduite des âmes en restent le sujet direct.

C'est, pour partie, à cet écart de perspective que tient une des différences les plus remarquables entre les deux ouvrages, différence encore plus éclatante lorsqu'on s'appuie sur la nouvelle version de l'*Entretien*. La recherche du paradoxe, l'emploi fréquent de l'ironie, l'élément personnel et familier ne sauraient ôter aux *Pensées* un air de grandeur, de tension, de tragique, de mystique. Dans l'*Entretien*, au contraire, ce qui l'emporte, c'est la vigueur, la liberté, l'allant, l'allégresse. D'où ce passage apparemment si simple de l'humanisme à la théologie, alors que, dans les *Pensées*, règnent la rupture et la discontinuité. La joie du converti qui étonnait si fort Jacqueline se reflète dans le premier écrit. Dans le second s'exprime un homme qui a connu l'épreuve des *Provinciales*, cette succession de lettres dont l'assombrissement progressif est très significatif, et celle de la persécution contre Port-Royal. C'est pour beaucoup cette tonalité particulière qui fait le prix unique de l'*Entretien*.

Pour l'historien en général, et particulièrement

pour celui des idées et des lettres, à chaque état de la documentation correspond une synthèse plausible. La découverte de l'original de l'*Entretien avec M. de Sacy sur Épictète et Montaigne* amène à reviser beaucoup de positions antérieures. Elle nous met en présence d'un écrit dont l'attribution à Pascal devient tout à fait incontestable; et elle montre le caractère achevé de cet écrit, qui pouvait auparavant passer pour un brouillon, un simple recueil de notes, peut-être mises en forme par le seul Fontaine. C'est dire que l'œuvre de Pascal s'enrichit d'une manière décisive, notamment par le caractère imprévu que prend une de ses pièces, mais par un grand changement dans la conception des rapports qu'elle entretient avec les autres pièces. A texte nouveau, nouveau commentaire. L'un ne pouvait aller sans l'autre.

Mais les découvertes présentées ici renforcent, en beaucoup de cas, les tendances auxquelles inclinait la critique, sans pouvoir encore se montrer tout à fait affirmative. Il est plus certain que jamais que l'écrit de Pascal inséré dans les *Mémoires* de Fontaine occupe dans la carrière de son auteur une position maîtresse, à quelques semaines d'une conversion qui semble bien marquer l'accession à la pleine maturité. Soulignant la rupture avec le monde, il témoigne cependant d'un remarquable effort de compréhension, grâce auquel tout l'acquis profane et mondain peut être assimilé dans une vision d'ensemble procédant du christianisme le plus rigoureux. Il révèle aussi la puissance d'un esprit capable de ranger les éléments divers de deux grandes doctrines sous quelques concepts fondamentaux et de les opposer avec maîtrise, en une confrontation ruineuse pour elles, féconde pour faire éclater une vérité supérieure. C'est la première fois, semble-t-il, que Pascal, exercé au raisonnement géométrique par la pratique des sciences, maniait le raisonnement dialectique, appelé à jouer dans son œuvre ultérieure un rôle si considérable. A l'emploi de la dialectique, Pascal doit précisément de pouvoir établir entre les sagesses du monde et l'unique sagesse de Dieu, entre les vérités du monde et l'unique vérité de Dieu, à la fois continuité et rupture. Sagesse et vérité, dans l'ordre humain, ne sont jamais que partielles et contradictoires : leur conjonction ne peut que les détruire les unes par les autres. C'est en Dieu seul que les contraires subsistent et que les aspirations humaines se trouvent comblées. Mais à cette totalité l'homme n'accède que par le saut de la foi et par la grâce de la conversion.

Entretien de Pascal avec Monsieur de Sacy sur Épictète et Montaigne

Extrait des *Mémoires* de Fontaine

. . . .

Cependant donc ce même M. de Sacy dont je viens de dire que la porte demeurait si régulièrement fermée pour toutes les personnes du dehors, de quelque dignité qu'elles fussent, la tenait toujours ouverte au plus petit d'entre ces solitaires, pour qui il avait toujours le cœur ouvert ; et dans quelque profonde application qu'il fût, jamais il n'a témoigné être un peu touché de ce qu'on l'en détournait. Dès qu'il avait été fait prêtre, il avait compris qu'il ne vivait plus pour lui-même, qu'il était tout à ceux dont il était chargé par l'ordre de Dieu, et qu'il devait à l'avenir être tout à tous[1], à l'imitation de saint Paul, qu'il regardait toujours comme son modèle et son maître.

Pour entretenir avec tout le monde cet esprit d'union et de charité dont j'ai

1. I Cor., IX, 22 : *Omnibus omnia factus sum.*

parlé*, il ne leur recommandait rien avec tant de force que de fuir les jugements téméraires et la liberté que l'on se donnait de vouloir deviner les gens, et faire des commentaires sur leur conduite. Il disait qu'il n'y avait point de parole de l'Évangile qui se dût plus entendre à la terre que celle-là : *Ne jugez point*[2] ; que c'est une grande témérité de vouloir interpréter mal des actions qui de soi peuvent être très bonnes ; qu'il n'y avait que Dieu qui pût en juger assurément ; outre qu'un malade ne pense guère aux maux des autres, étant tout appliqué à guérir les plaies qu'il reconnaît et qu'il sent.

Quand il arrivait quelque petit refroidissement de charité, son zèle toujours sage allait presque à jeter à la tête des gens les personnes qui lui étaient les plus intimes et qui avaient en lui plus de confiance*, pour les exhorter à faire des satisfactions à ceux mêmes qui auraient dû leur en faire. Il disait que le christianisme effaçait en ce point aussi bien qu'en tout le reste toutes les sottes lois du monde.

2. Matth., VII, 1 ; Luc, VI, 37.

Pour conserver encore la paix, il recommandait beaucoup d'éviter un défaut que l'Écriture blâme beaucoup, qui sont les rapports. « C'est le vice, disait-il, qui fait le plus de tort dans une société de quelques personnes. » Sur quoi il disait qu'une personne qui va redire ce qu'on lui a dit est un enfant à la bavette, et incapable de tout commerce.

Cet esprit de paix de M. de Sacy l'avait aussi toujours porté à fuir toutes les disputes dans les sciences tant saintes que naturelles. Cela pourrait paraître en soi peu considérable ; mais le voir environné de toutes parts par des personnes de grand esprit, très célèbres par ces disputes, et dans le temps des contestations les plus échauffées, demeurer toujours dans sa gravité paisible, sans condamner rien dans la chaleur des autres* ; voir* dans son saint Augustin, et dans cette grande application qu'il y donnait, non ce qui pouvait lui fournir de nouveaux arguments pour bien disputer, mais ce qui pouvait donner une nouvelle nourriture à sa piété, c'était une grande preuve du calme de son esprit et de ce caractère qui l'a toujours fait passer dans toute la France pour l'homme du monde le plus modéré.

Combien aussi s'éleva-t-il de petites agitations dans ce désert touchant les sciences humaines de la philosophie et les nouvelles opinions de M. Descartes ! Comme M. Arnauld, dans ses heures de relâche, s'en entretenait avec ses amis plus particuliers, insensiblement cela se répandit partout, et cette solitude dans les heures d'entretien ne retentissait plus que de ces discours. Il n'y avait guère de solitaire qui ne parlât d'automate*. On ne se faisait plus une affaire de battre un chien ; on lui donnait fort indifféremment des coups de bâton, et on se moquait de ceux qui plaignaient ces bêtes comme si elles eussent senti de la douleur. On disait que c'étaient des horloges ; que ces cris qu'elles faisaient quand on les frappait n'étaient que le bruit d'un petit ressort qui avait été remué, mais que tout cela était sans sentiment. On clouait de pauvres animaux sur des ais par les quatre pattes pour les ouvrir tout en vie et voir la circulation du sang, qui était encore là une grande matière d'entretien. Le château de M. le duc de Luynes[3] était la source de toutes ces curiosités, mais qui était inépuisable. On y parlait sans cesse du nouveau système du monde selon M. Descartes, et on l'admirait. Mais jamais on ne put voir M. de Sacy entrer dans ces sciences curieuses. « Quelle nouvelle idée me donne-t-on de la grandeur de Dieu, disait-il, en me venant dire que le soleil est un amas de rognures et que les bêtes sont des horloges ? » Et se riant doucement quand on lui parlait de ces choses, il témoignait plus plaindre ceux qui s'y arrêtaient qu'avoir envie de s'y arrêter lui-même.

Il me dit un jour, me parlant là-dessus en particulier, qu'il admirait la conduite de Dieu dans ces nouvelles opinions de M. Descartes, où tout le monde entrait la tête baissée*, qu'il considérait dans M. Descartes et Aristote comme un

3. A Vaumurier, tout près de Port-Royal des Champs. C'est là que Pascal résida pendant les premiers jours de sa retraite, en janvier 1655. Le duc de Luynes avait publié en 1647 une traduction française des *Méditations* de Descartes.

voleur qui venait tuer un autre voleur et lui enlever ses dépouilles ; qu'Aristote peu à peu était enfin devenu le maître des maîtres de l'Église. « J'ai vu en Sorbonne, me disait-il, et je ne le pus voir sans frémir, qu'un docteur citant un passage de l'Écriture, un autre le réfuta hardiment par un passage d'Aristote ; ce qui étonna de telle sorte le premier qu'il répondit presque tout étourdi : *"Valet hic Scriptura Sacra"* ; à quoi l'autre sans se démonter dit brusquement : *"Valet et Aristoteles"*. *"Attamen*, répliqua le premier, *et Scriptura Sacra et Aristoteles."* Et après un si horrible* brigandage, il survient récemment un autre homme qui le pille et le tue. Tant mieux. Plus de morts, moins d'ennemis. Il en arrivera peut-être autant ensuite à M. Descartes. »

« Dieu a fait le monde pour deux choses, m'ajouta-t-il, l'une pour donner une grande idée de lui, l'autre pour peindre les choses invisibles dans les visibles. M. Descartes détruit l'un et l'autre. Le soleil est un si bel ouvrage ! lui dit-on. Point du tout, répond-il, c'est un amas de rognures. Au lieu de reconnaître les choses invisibles dans les visibles, comme dans le soleil, qui est le Dieu de la nature, et voir en tout ce qu'il produit dans les plantes l'image de la grâce, ils prétendent au contraire rendre raison de tout par de certains crochets qu'ils se sont imaginés[4]. Je les compare à des ignorants qui verraient un admirable tableau et qui, au lieu d'admirer un bel ensemble*, s'arrêteraient à chaque couleur en particulier et diraient : « Qu'est-ce que ce rouge-là? De quoi est-il composé ? C'est de telle chose ; non, c'est d'une autre » ; au lieu de contempler tout le dessein[5] du tableau dont la beauté charme les sages qui le considèrent.

« Je ne prétends pas, dit M. Descartes, dire les choses comme elles sont en effet.

4. Du singulier au pluriel, le passage se fait de Descartes à ses disciples. On remarquera l'attachement de Sacy à la vision symbolique du monde, héritée des Pères de l'Église, et la manière caricaturale dont est présenté le système du monde de Descartes (d'après les *Principes*). Les « rognures » correspondent à la « râclure » ; les « crochets » expriment concrètement l'idée du mécanisme.

5. Le mot, au XVIIe siècle, avait un sens plus riche que celui de « dessin », mais souvent très proche.

Le monde est un si grand objet qu'on s'y perd ; mais je le regarde comme un chiffre. Les uns tournent et retournent les lettres de cet alphabet, et trouvent quelque chose ; moi j'ai aussi trouvé quelque chose, mais ce n'est pas peut-être ce que Dieu a fait. » « Non, disait M. de Sacy, mais c'est, selon le langage des Pères : *Infinita disputandi libido, tuncque demum magis ignorata veritas postquam praesumptum est quod posset agnosci** [6]. Ces gens-là cherchent la vérité à tâtons ; c'est un grand hasard quand ils la trouvent. Je les regarde comme je regardais l'enseigne du *Cadran* en passant sur le pont Notre-Dame. Le cadran disait vrai alors et je disais : "Passons vite, il n'y fera plus bon bientôt. C'est la vérité qui l'a rencontré ; il n'a pas rencontré la vérité. Il ne dit vrai qu'une fois le jour." »

M. Pascal vint aussi, en ce temps-là, demeurer à Port-Royal des Champs. Je ne m'arrête point à dire qui était cet

6. Cette citation, qui ne paraît pas être de saint Augustin, n'a pas été retrouvée.

homme, que non seulement toute la France, mais que toute l'Europe a admiré. Son esprit toujours vif, toujours agissant, était d'une étendue, d'une élévation, d'une fermeté, d'une pénétration et d'une netteté au-delà de tout ce qu'on peut croire. Il n'y avait point de personne habile dans les mathématiques qui ne lui cédât : témoin l'histoire de la roulette[7] fameuse, qui était alors l'entretien de tous les savants. On sait qu'il semblait animer le cuivre et donner de l'esprit à l'airain. Il faisait que de petites roues sans raison, où étaient sur chacune les dix premiers chiffres, rendaient raison aux personnes les plus raisonnables, et qu'il faisait en quelque sorte parler des machines muettes, pour résoudre en jouant les difficultés des nombres qui arrêtaient les plus savants : ce qui lui coûta tant d'application et d'efforts d'esprit que, pour monter cette machine au point où tout le monde l'admirait, et que j'ai vue de mes yeux, il en

7. Fontaine confond la courbe appelée *roulette*, ou *cycloïde*, avec la machine arithmétique.

eut lui-même la tête presque démontée près de* trois ans[8].

Cet homme admirable, enfin étant touché de Dieu, soumit cet esprit si élevé au doux joug[9] de Jésus-Christ, et ce cœur si noble et si grand embrassa l'humilité de la pénitence. Il vint, à Paris, se jeter entre les bras de M. Singlin, résolu de faire tout ce qu'il lui ordonnerait. M. Singlin crut, en voyant ce grand génie, qu'il ferait bien de l'envoyer à Port-Royal des Champs, où M. Arnauld lui prêterait le collet en ce qui regardait ses hautes sciences, et où M. de Sacy lui apprendrait à les mépriser. Il vint donc demeurer à Port-Royal des Champs[10]. M. de Sacy ne put pas se dispenser de le voir par honnêteté, surtout en ayant été prié par

8. Affirmation tirée sans doute, très librement, de la *Vie de Pascal* par sa sœur Gilberte.

9. Matth., XI, 30 : « *Jugum enim meum suave est.* »

10. Les détails donnés par Fontaine, comparés avec ceux que fournissent les lettres de Jacqueline des 8 déc. 1654, 19 janv. 1655 et 25 janv./8 fév. 1655, PASCAL, *Œuvres complètes*, t. III, Paris, Desclée de Brouwer, 1991, pp. 61-75, ne permettent pas le moindre doute : Fontaine entend rattacher l'*Entretien* au séjour que Pascal fit à Port-Royal des Champs du 7 au 28 janvier 1655.

M. Singlin. Mais les lumières saintes qu'il trouvait dans l'Écriture et les Pères lui firent espérer qu'il ne serait point ébloui de tout le brillant de M. Pascal, qui charmait néanmoins et qui enlevait tout le monde. Il trouvait en effet tout ce qu'il disait fort juste. Il voyait avec plaisir la force de son esprit et de ses discours. Mais il n'y voyait rien de nouveau. Tout ce que M. Pascal lui disait de grand, il l'avait vu avant lui dans saint Augustin ; et, faisant justice à tout le monde, il disait : « M. Pascal est extrêmement estimable en ce que, n'ayant point lu les Pères de l'Église[11], il avait[12] de lui-même, par la pénétration de son esprit, trouvé les mêmes vérités qu'ils avaient trouvées. Il les trouve surprenantes, disait-il, parce qu'il ne les a vues en aucun endroit ; mais pour nous, nous sommes accoutumés à les voir de tous côtés dans nos livres. » Ainsi ce sage ecclésiastique, trouvant que

11. Affirmation inexacte, au moins en ce qui concerne saint Augustin : cf. Philippe SELLIER, *Pascal et saint Augustin*, Paris, 1970.

12. Glissement du style direct au style indirect, qui se produit souvent dans l'*Entretien*, comme le glissement inverse.

les anciens n'avaient pas moins de lumière que les nouveaux, il s'y tenait, et estimait beaucoup M. Pascal de ce qu'il se rencontrait en toutes choses avec saint Augustin.

La conduite ordinaire de M. de Sacy, en entretenant les gens, était de proportionner ses entretiens à ceux à qui il parlait. S'il voyait par exemple M. Champaigne, il parlait avec lui de la peinture. S'il voyait M. Hamon, il s'entretenait de la médecine. S'il voyait le chirurgien du lieu, il le questionnait sur la guérison des plaies*. Ceux qui cultivaient la vigne, ou les arbres, ou les grains, lui disaient tout ce qu'il y fallait observer. Tout lui servait pour passer aussitôt à Dieu, et pour y faire passer les autres. Il crut donc devoir ainsi mettre M. Pascal sur son fort, et lui parler des lectures de philosophes dont il s'occupait le plus.

Il le mit sur ce sujet aux premiers entretiens qu'ils eurent ensemble. M. Pascal lui dit que ses deux livres les plus ordinaires avaient été Épictète et Montaigne, et il lui fit de grands éloges de ces deux esprits. M. de Sacy, qui avait toujours cru devoir peu lire ces auteurs, pria M. Pascal de lui en parler à fond.

« Épictète, lui dit-il, est un des philosophes du monde qui ait mieux connu les devoirs[13] de l'homme. Il veut, avant toutes choses, qu'il regarde Dieu comme son principal objet ; qu'il soit persuadé qu'il gouverne tout avec justice ; qu'il se soumette à lui de bon cœur, et qu'il le suive volontairement en tout, comme ne faisant rien qu'avec une très grande sagesse : qu'ainsi cette disposition arrêtera toutes les plaintes et tous les murmures, et préparera son esprit à souffrir paisiblement les événements les plus fâcheux[14].

13. Le mot revient plus bas au singulier. C'est aussi au singulier qu'il est empoyé par Épictète — que nous citons toujours d'après la traduction de dom Jean de Saint-François, Paris, 1609, utilisée par Pascal. Voir notamment *Propos*, II, IX, pp. 194-195, où d'ailleurs le mot « devoir » est employé dans le sens de « le propre » ou « la fonction » de l'homme. Dans les éditions modernes, les *Propos* sont appelés *Entretiens*.

14. Pascal s'inspire ici librement du *Manuel*, XXXVI (XXXI dans les éditions modernes), pp. 671-672. On reconnaît aussi l'écho de quelques passages des *Propos*, notamment I, XII, p. 65, intitulé *De l'acquiescement à la volonté divine*, et comportant en marge ce sommaire du traducteur : « Fin de l'homme : suivre Dieu » (cf. I, XX,

« Ne dites jamais, dit-il : “J'ai perdu cela” ; dites plutôt : “Je l'ai rendu.” Mon fils est-il mort ?* “Je l'ai rendu.” Ma femme est-elle morte ? “Je l'ai rendue.” Ainsi des biens et de tout le reste. “Mais celui qui* me l'ôte est un méchant homme”, dites-vous. De quoi vous mettez-vous en peine par qui celui qui vous l'a prêté vous le redemande ? Pendant qu'il vous en permet l'usage, ayez-en soin comme d'un bien qui appartient à autrui, comme un homme qui fait voyage se regarde dans une hôtellerie[15]. Vous ne devez pas, dit-il, désirer que les choses qui se font se fassent comme vous le voulez ; mais vous devez vouloir qu'elles se fassent comme elles se font[16].

« Souvenez-vous, dit-il ailleurs, que vous êtes ici comme un acteur, et que vous jouez le personnage d'une comédie, tel

p. 102) ; I, VI, p. 31, avec ce sommaire : « L'homme créé pour contempler Dieu et ses œuvres. »

15. Transcription à peu près textuelle du *Manuel*, XIV (XI), p. 648. Voir aussi *Propos*, IV, I, p. 516 ; et, pour l'image de l'hôtellerie : I, XXIV, p. 113 ; II, XXIII, pp. 303, 305.

16. Transcription quasi-textuelle du *Manuel*, XII (VIII), p. 647.

qu'il plaît au maître de vous le donner. S'il vous le donne court, jouez-le court ; s'il vous le donne long, jouez-le long. S'il veut que vous contrefaisiez le gueux, vous le devez faire avec toute la naïveté qui vous sera possible. Ainsi du reste. C'est votre fait de jouer bien le personnage qui vous est donné ; mais de le choisir, c'est le fait d'un autre[17].

« Ayez tous les jours devant les yeux la mort et les maux qui semblent les plus terribles* ; et jamais vous ne penserez rien de bas, et ne désirerez rien avec excès[18].

« Il montre ainsi en mille manières ce que doit faire l'homme[19]. Il veut qu'il soit humble, qu'il cache ses bonnes résolutions, surtout dans les commencements, et qu'il les accomplisse en secret, rien ne les

17. Transcription quasi textuelle du *Manuel*, XXI (XVII), pp. 654-655. L'image du jeu théâtral se retrouve dans les *Propos*, notamment I, XXIV, pp. 113-114.

18. Transcription quasi textuelle du *Manuel*, XXVI (XXI), p. 658. Mêmes exemples dans les *Propos*, II, I, p. 162.

19. Allusion probable à plusieurs passages où le devoir est envisagé selon les situations et selon les personnes : *Manuel*, XXXV (XXX), p. 671, intitulé par le traducteur : *On peut apprendre son devoir par le nom et la qualité des personnes* (qualité de père, de frère, de voisin, de chef, etc.) ; *Propos*, III, XXI, p. 405.

ruinant davantage que de les produire[20].

« Il ne se lasse point de répéter que toute l'étude et le désir de l'homme doit être de reconnaître la volonté de Dieu et de la suivre[21].

« Voilà, Monsieur, dit M. Pascal à M. de Sacy, les lumières de ce grand esprit qui a si bien connu le devoir de l'homme. J'ose dire qu'il mériterait d'être adoré, s'il avait aussi bien reconnu son impuissance, puisqu'il fallait être Dieu pour apprendre l'un et l'autre aux hommes. Aussi comme il était terre et cendre[22],

20. Allusion à *Manuel*, LX (XLVI), p. 691, intitulé par le traducteur : *Qu'il faut fuir la vanité et l'ostentation* ; et LXI (XLVII), p. 693, intitulé : *Ne faut pas se vanter de ses exercices, ni les faire pour être vu* (« exercices » désigne les pratiques ascétiques). Voir aussi *Propos*, IV, IX, pp. 594-597. L'idée que les bonnes résolutions demeurent fragiles « dans les commencements » a pu être suggérée par *Manuel*, XXVII (XXII), p. 658, intitulé : *Les commencements de la vertu sont moqués, mais la persévérance est admirée*. Mais elle ressort surtout de la comparaison avec une jeune plante, condamnée au gel pour avoir poussé trop hâtivement, comme un homme « porté à la vaine gloire avant la saison », *Propos*, IV, IX, pp. 600-602.

21. La règle de « suivre Dieu » a déjà été posée plus haut. Voir aussi *Manuel*, LXVIII (LIII), pp. 699-700 (fin du *Manuel*) ; *Propos*, II, XIV, p. 225 ; IV, III, p. 542.

22. Mots de l'Ecclésiastique, XVII, 31 (ou 28, selon les éditions).

après avoir si bien compris ce qu'on doit, voici comme il se perd dans la présomption[23] de ce qu'on peut. Il dit :

Que Dieu a donné à l'homme les moyens de s'acquitter de toutes ces obligations; que ces moyens sont en notre puissance[24]; qu'il faut chercher la félicité par les choses qui sont en notre pouvoir, puisque Dieu nous les a données à cette fin[25]; qu'il faut voir ce qu'il y a en nous de libre; que les biens, la vie, l'estime ne sont pas en notre puissance, et ne mènent donc pas à Dieu[26]; mais que l'esprit ne peut être forcé de croire ce qu'il sait être faux, ni la volonté d'aimer ce qu'elle sent*

23. Le mot appartient, non pas, bien entendu, au vocabulaire d'Épictète, mais à celui de Montaigne : voir en particulier le titre de l'essai II, XVII. Il est aussi couramment employé dans le langage de la théologie morale.

24. Pascal se souvient principalement ici de *Propos*, I, VI, p. 35, avec, en marge, le sommaire : « Dieu a mis notre bien en notre puissance. »

25. On reconnaît encore les *Propos*, I, I, p. 7, avec, en marge, ce commentaire : « Bel enseignement pour vivre bienheureux. » Voir aussi I, XXII, p. 106; *Manuel*, XXIV (XIX), p. 656; à compléter par *Propos*, I, XXIX, p. 137.

26. *Manuel*, I, pp. 637-638. Voir aussi *Propos*, IV, I, pp. 535-536, *De la liberté*. Mais Pascal ajoute l'idée d'un rapport entre la liberté et la recherche de Dieu.

qui la rend malheureuse[27]; que ces deux puissances donc sont libres, et que c'est par elles que nous pouvons nous rendre parfaits[28]; que l'homme peut par ces puissances parfaitement connaître Dieu, l'aimer, lui obéir, lui plaire, se guérir de tous ses vices, acquérir toutes les vertus, se rendre saint, ami* et compagnon de Dieu[29].

« Ces principes d'une superbe diabolique le conduisent à d'autres erreurs, comme : que l'âme est une portion de la substance divine[30]; que la douleur et la

27. La distinction entre *esprit* et *volonté*, entre *croire* et *aimer*, n'est pas faite aussi nettement par Épictète, pour qui le problème est plutôt de savoir à quoi la *volonté* doit *consentir*.

28. C'est surtout l'idée de *liberté* que développe Épictète : *Propos*, II, XVI, p. 243 (la liberté principe de soumission à la volonté de Dieu); II, XXIII, p. 299; III, XXII, pp. 420-421.

29. Entre bien des sources possibles, nous retiendrons *Propos*, II, XIV, p. 225. On trouve souvent l'expression « ami de Dieu » : *Propos*, II, XVII, p. 251; III, XXXIV, p. 461; IV, III, p. 541; *Manuel*, XIX (XV), p. 653.

30. *Propos*, I, I, pp. 5-6, avec ce sommaire en marge : « Erreur des stoïques, qui croyaient que l'âme fût une particule de l'essence de Dieu. » L'idée revient fréquemment : I, XIV, p. 74; II, VIII, p. 190; III, XX, p. 400, avec ce sommaire en marge : « Les stoïciens appellent Dieu l'esprit de chacun, à cause qu'ils croyaient que l'âme fût une particule de l'essence de Dieu. »

mort ne sont pas des maux[31]; qu'on peut se tuer quand on est si persécuté qu'on doit croire que Dieu appelle ; et à d'autres[32].

« Pour Montaigne, dont vous voulez aussi, Monsieur, que je vous parle, étant né dans un État chrétien, il fait profession de la religion catholique[33], et en cela il n'a rien de particulier. Mais comme il a voulu chercher quelle morale la raison devrait dicter sans la lumière de la foi, il a pris ses principes dans cette supposition ; et ainsi, en considérant l'homme destitué de toute révélation[34], il discourt en cette sorte.

« Il met toutes choses dans un doute universel, et si général que ce doute s'em-

31. On songe principalement à *Manuel*, V (II), p. 641.

32. Le rapprochement le plus formel s'établit avec *Propos*, I, IX, p. 49. Mais l'idée du suicide n'est pas impliquée dans ce passage. Il faut donc ajouter, par exemple, I, XXIV, p. 114.

33. La profession de foi la plus nette apparaît sans doute dans *Essais*, éd. Villey-Saulnier, Paris, PUF, 1965, p. 318. Pascal suivait l'édition in-folio des *Essais* de 1652. Mais les différences sont minimes avec les éditions modernes.

34. Montaigne distingue fréquemment la raison de la foi : ainsi II, XII, p. 449. Mais nulle part il n'est proprement question de dégager une morale — ou plutôt l'impossibilité d'une morale — fondée sur la raison en dehors de la foi.

porte* soi-même, c'est-à-dire qu'il doute*[35] s'il doute, et doutant même de cette dernière proposition, son incertitude roule sur elle-même dans un cercle perpétuel et sans repos ; s'opposant également à ceux qui assurent que tout est incertain et à ceux qui assurent que tout ne l'est pas, parce qu'il ne veut rien assurer.

« C'est dans ce doute qui doute de soi et dans cette ignorance qui s'ignore[36], et qu'il appelle sa maîtresse forme[37], qu'est l'essence de son opinion, qu'il n'a pu exprimer par aucuns termes positifs. Car, s'il dit qu'il doute, il se trahit en assurant au moins qu'il doute ; ce qui étant formellement contre son intention, il n'a pu l'expliquer que par interrogation ; de sorte que, ne voulant pas dire : "Je ne sais", il dit : "Que sais-je ?" dont il fait sa devise, en la mettant sous des balances qui, pesant les contradictoires, les* trouvent*

35. Voir les *Essais*, II, XII, p. 527. L'image est appelée par une comparaison médicale : la rhubarbe, aux vertus laxatives bien connues, « s'emporte elle-même » avec les « mauvaises humeurs » qu'elle chasse.

36. II, XII, p. 502.

37. I, L, p. 302.

dans un parfait équilibre[38] : c'est-à-dire qu'il est pur pyrrhonien.

« Sur ce principe roulent tous ses discours et tous ses *Essais*; et c'est la seule chose qu'il prétend y* établir, quoiqu'il ne fasse pas toujours remarquer son intention. Il y détruit insensiblement tout ce qui passe pour le plus certain parmi les hommes, non pas pour établir le contraire avec une certitude de laquelle seule il est ennemi, mais pour faire voir seulement que, les apparences étant égales de part et d'autre, on ne sait où asseoir sa créance[39].

« Dans cet esprit il se moque de toutes les assurances. Par exemple, il combat ceux qui ont pensé établir dans la France un grand remède contre les procès par la multitude et par la prétendue justesse des lois : comme si l'on pouvait couper la racine des doutes d'où naissent les procès, et qu'il y eût des digues qui pussent arrêter le torrent de l'incertitude et captiver[40]

38. Voir II, XII, p. 527.

39. II, XII, p. 505.

40. L'image du torrent captif de ses digues ne nous semble pas provenir de Montaigne.

les conjectures. C'est là que, quand il dit qu'il vaudrait autant soumettre sa cause au premier passant qu'à des juges armés de ce nombre d'ordonnances, il ne prétend pas qu'on doive changer l'ordre de l'État, il n'a pas tant d'ambition ; ni que son avis soit meilleur, il n'en croit aucun de bon. C'est seulement pour prouver la vanité des opinions les plus reçues ; montrant que l'exclusion de toute loi diminuerait plutôt le nombre des différends que cette multitude qui ne sert qu'à l'augmenter, parce que les difficultés croissent à mesure qu'on les pèse*, que les obscurités se multiplient par les commentaires, et que le plus sûr moyen pour entendre le sens d'un discours est de ne le pas examiner et de le prendre sur la première apparence : si peu qu'on l'observe, toute la clarté se dissipe[41].

« Aussi il juge à l'aventure des actions des hommes et des points d'histoire, tantôt d'une manière, tantôt d'une autre, suivant librement sa première vue, et sans contraindre sa pensée sous les règles de

41. Paraphrase de III, XIII, pp. 1065-1068.

la raison, qui n'a que de fausses mesures ; ravi de montrer par son exemple les contrariétés d'un même esprit[42].

« Dans ce génie tout libre, il lui est entièrement égal de l'emporter ou non dans la dispute, ayant toujours, par l'un ou l'autre exemple, un moyen de faire voir la faiblesse des opinions ; étant posté* avec tant d'avantage dans ce doute universel qu'il s'y fortifie également par son triomphe et par sa défaite[43].

« C'est dans cette assiette, toute flottante et chancelante qu'elle est, qu'il combat avec une fermeté invincible les hérétiques de son temps, sur ce qu'ils s'assuraient de connaître seuls le véritable sens de l'Écriture[44] ; et c'est de là encore qu'il foudroie plus vigoureusement l'impiété horrible de ceux qui osent assurer que Dieu n'est point[45].

42. II, I, p. 335.

43. Allusion au chapitre *De l'Art de conférer*, III, VIII, voir principalement p. 925.

44. Montaigne s'en prend parfois à Luther, mais non pas d'une manière aussi précise que le laisse entendre Pascal ; voir II, XII, p. 439 ; III, XIII, p. 1069.

45. II, XII, p. 440, à propos de la *Théologie naturelle* de Raymond Sebond.

« Il les entreprend particulièrement dans l'*Apologie de Raymond de Sebonde*; et les trouvant dépouillés volontairement de toute révélation, et abandonnés à leurs lumières naturelles, toute foi mise à part, il les interroge de quelle autorité ils entreprennent de juger de cet Être souverain qui est infini par sa propre définition, eux qui ne connaissent véritablement aucune des moindres choses de la nature[46] !

« Il leur demande sur quels principes ils s'appuient. Il les presse de les montrer. Il examine tous ceux qu'ils peuvent produire et y pénètre si avant, par le talent où il excelle, qu'il montre la vanité de tous ceux qui passent pour les plus naturels et les plus fermes[47].

« Il demande si l'âme connaît quelque chose[48] ; si elle se connaît elle-même ; si

46. Ces remarques se rattachent de loin au long développement concernant l'idée de Dieu dans l'*Apologie de Raymond Sebond*, II, XII, pp. 512-535.

47. Aucun rapprochement précis ne s'impose pour ce passage. Voir cependant, sur le rôle des principes dans la connaissance, II, XII, pp. 540-541.

48. Le passage des *Essais* qui a pu suggérer cette question se présente un peu différemment, et concerne la raison, II, XII, p. 541.

elle est substance ou accident, corps ou esprit ; ce que c'est que chacune de ces choses, et s'il n'y a rien qui ne soit de l'un de ces ordres ; si elle connaît son propre corps ; ce que c'est que matière, et si elle peut discerner entre l'innombrable variété d'avis qu'on en a produits* ; comment elle peut raisonner, si elle est matérielle ; et comment peut-elle être unie à un corps particulier et en ressentir les passions, si elle est spirituelle[49] ?

« Quand a-t-elle commencé d'être ; avec le corps ou devant ; et si elle finit avec lui ou non ; si elle ne se trompe jamais ; si elle sait quand elle erre, vu que l'essence de la méprise consiste à la méconnaître* ; si dans ces obscurcissements elle ne croit pas aussi fermement que deux et trois sont six qu'elle fait ensuite que c'est cinq*[50].

49. Comme l'a montré Y. MAEDA, *Les arguments apologétiques...*, pp. 77-78, cette alternative n'est posée nulle part dans les *Essais*. En revanche, elle est développée, dans les *Pensées*, à la fin du fragment *Disproportion de l'homme*, Laf. 199 ; Sell. 230.

50. L'exemple vient, non pas de Montaigne, mais de Descartes, *Méditations*, I, trad. du duc de Luynes, Paris, 1647, p. 13 : « Il se peut faire qu'il [Dieu] ait voulu que je me trompe toutes les fois que je fais l'addition de deux et de trois... »

« Si les animaux raisonnent, parlent, pensent[51], et qui le peut décider. Ce que c'est que le temps, ce que c'est que l'espace ou l'étendue, ce que c'est que le mouvement, ce que c'est que l'unité[52], qui sont toutes choses qui nous environnent et entièrement inexplicables.

« Ce que c'est que santé, maladie, vie, mort, bien, mal, justice, péché, dont nous parlons à toute heure.

« Si nous avons en nous des principes du vrai, et si ceux que nous croyons avoir, et qu'on appelle axiomes ou notions communes[53], parce qu'elles sont conformes[54] dans tous les hommes, sont conformes à la vérité essentielle; et puisque nous ne

51. Pascal résume très sommairement l'ample comparaison entre l'homme et les animaux que comporte l'*Apologie de Raymond Sebond*, II, XII, pp. 452-486. Mais il y revient plus bas.

52. Ces concepts fondamentaux ont été élaborés, moins par Montaigne que par les savants du XVIIe siècle et particulièrement par Descartes. Voir un développement parallèle dans l'opuscule *De l'esprit géométrique*.

53. DESCARTES, *Méditations, Raisons qui prouvent l'existence de Dieu*, à la suite des *Réponses aux Secondes Objections*, éd. citée, p. 211, emploie aussi la formule « axiomes ou notions communes ».

54. L'emploi absolu de l'adjectif « conforme », au sens d'« uniforme », « identique », est attesté chez Montaigne.

savons que par la seule foi qu'un Être tout bon nous les a donnés véritables, en nous créant pour connaître la vérité, qui saura sans cette lumière si, étant formés à l'aventure, ils ne sont pas incertains ; ou si, étant formés par un être faux et méchant[55], il ne nous les a pas donnés faux afin de nous séduire ; montrant par là que Dieu et le vrai sont inséparables, et que si l'un est ou n'est pas, s'il est certain ou douteux*, l'autre est nécessairement de même. Qui sait donc si ce sens commun, que nous prenons pour juge du vrai, en a lettres*[56] de celui qui l'a créé ? De plus, qui sait ce que c'est que vérité, et comment peut-on s'assurer de l'avoir sans la connaître ? Qui sait même ce que c'est qu'être, qu'il est impossible de définir, puisqu'il n'y a rien de plus général, et qu'il faudrait, pour l'expli-

55. L'hypothèse du « malin » ou « mauvais génie » vient aussi de DESCARTES, *Méditations*, I, éd. citée, p. 15. Elle est reprise dans les *Pensées*, Laf. 131 ; Sell. 164.

56. C'est-à-dire « lettres patentes », conférant un droit. L'image vient de Montaigne : « Qu'il [l'homme] nous montre lettres de cette belle et grande charge [de connaître le monde] », II, XII, p. 450. Voir aussi p. 570.

quer, se servir d'abord de ce mot-là même, en disant : C'est etc.*[57] ?

« Et puisque nous ne savons ce que c'est que âme, corps, temps, espace, mouvement, unité, vrai, bien*, ni même être, ni expliquer l'idée que nous nous en formons, comment nous assurons-nous qu'elle est la même dans tous les hommes, vu que nous n'en avons d'autre marque que l'uniformité des conséquences, qui n'est pas toujours un signe de celle des principes ? Car ils peuvent bien être différents et conduire néanmoins aux mêmes conclusions, chacun sachant que le vrai se conclut souvent du faux[58].

« Enfin il examine si profondément toutes les sciences, et la géométrie, dont il montre l'incertitude dans les axiomes et dans les termes qu'elle ne définit point, comme d'étendue, de mouvement, etc.[59] ;

57. L'idée, cette fois-ci, est proprement pascalienne. Elle est exprimée en termes voisins dans *L'Esprit géométrique*.

58. En dépit de certaines ressemblances superficielles, cette logique géométrique est tout à fait étrangère à Montaigne.

59. Il y a bien chez Montaigne une critique de la géométrie, « qui pense avoir gagné le haut point de la certitude parmi les sciences », II, XII, p. 571 (voir aussi p. 540). Mais le problème n'est pas posé de la même manière. *L'Esprit géomé-*

et la physique en bien plus de manières ; et la médecine en une infinité de façons ; et l'histoire, et la politique, et la morale, et la jurisprudence, et le reste ; de telle sorte qu'on demeure convaincu que, hors la révélation, on douterait à la rigueur si on veille ou non, vu que* nous ne le pensons pas mieux à présent que dans quelques songes, et même si la vie n'est pas elle-même un songe* dont nous ne nous éveillerons qu'à la mort, et pendant lequel nous avons aussi peu les principes du vrai que durant le sommeil naturel[60].

« C'est ainsi qu'il gourmande si fortement et si cruellement la raison dénuée de la foi que, lui faisant douter si elle est raisonnable, et si les animaux le sont ou non, ou plus ou moins, il la fait descendre de l'excellence qu'elle s'est attribuée, et

trique développe l'idée que ces termes non définis n'ont pas à être définis : Pascal, pour son compte, ne poussa pas jusqu'au bout le scepticisme qu'il prête à Montaigne.

60. La comparaison de la vie avec un songe apparaît chez Montaigne, II, XII, p. 596. Mais, à notre avis, Pascal, ici encore, est surtout redevable à DESCARTES, *Méditations*, I, éd. citée, pp. 10-11, 16 ; cf. *Discours de la méthode*, IV. Toute cette comparaison est reprise, parfois avec les mêmes termes, dans les *Pensées*, Laf. 131 ; Sell. 164.

la met par grâce en parallèle avec les bêtes, sans lui permettre de sortir de cet ordre jusqu'à ce qu'elle soit instruite par son Créateur même de son juste rang qu'elle ignore, la menaçant, si elle gronde, de la mettre au-dessous de toutes, ce qui est aussi facile que le contraire; et ne lui donnant pouvoir d'agir cependant que pour remarquer sa faiblesse avec une humilité sincère, au lieu de s'élever par une sotte insolence. »

M. de Sacy, comme il me le redit après[61], écoutait paisiblement M. Pascal*, se croyant vivre dans un nouveau pays et entendre une nouvelle langue. Il se disait en lui-même ces paroles de saint Augustin : « O Dieu de vérité ! ceux qui savent ces subtilités de raisonnement vous sont-ils pour cela plus agréables ? *Numquid, Domine Deus veritatis, quisquis novit ista jam placet tibi**[62] *?* » Il plai-

61. Fontaine ne se donne donc pas pour témoin de l'entretien.

62. *Confessions*, V, IV, 7. Le passage se rapporte aux prévisions astronomiques des manichéens. La traduction nous semble originale. Nos références à saint Augustin se font à l'édition de la Bibliothèque augustinienne.

gnait ce philosophe qui se piquait et se déchirait lui-même de toutes parts des épines qu'il se formait, *Ipsi se compungunt aculeis suis**[63], et, comme saint Augustin dit de lui-même lorsqu'il était en cet état, *Quasi acutele movebar*[64]. *Jusseras enim et ita fiebat in me, ut terra spinas et tribulos pareret mihi**[65].

Après donc une assez longue patience, il dit à M. Pascal : « Je vous suis obligé, Monsieur. Je suis sûr que si j'avais longtemps lu Montaigne, je ne le connaîtrais pas autant que je fais depuis cet entretien que je viens d'avoir avec vous. Cet homme devrait souhaiter qu'on ne le connût que par les récits que vous faites de ses écrits ; et il pourrait dire avec saint Augustin : *Ibi me vide, ibi me attende**[66].

63. Ce passage ne se retrouve pas textuellement dans saint Augustin. Peut-être a-t-il été composé à partir de la citation suivante.

64. *Confessions*, III, VII, 12.

65. *Ibid.*, IV, XVI, 29 ; à propos de l'étude qu'il avait faite lui-même des *Catégories* d'Aristote et de la fausse idée de Dieu qu'il en avait tirée. L'image des piqûres et des déchirures revient plusieurs fois sous la plume de saint Augustin, mais surtout à propos des désirs sensuels, *ibid.*, II, I ; II, II ; II, III.

66. Le texte exact : « *Ibi me attende et vide* », figure dans

Je crois assurément que cet homme avait de l'esprit ; mais je ne sais si vous ne lui en prêtez pas un peu plus qu'il n'en a, par cet enchaînement si juste[67] que vous faites de ses principes. Vous pouvez juger qu'ayant passé ma vie comme j'ai fait, on m'a peu conseillé de lire cet auteur, dont tous les ouvrages n'ont rien de ce que nous devons principalement rechercher dans nos lectures, selon la règle de saint Augustin, *Neque in Deum excitant humanum intellectum et affectum** [68], parce que ses paroles ne paraissent pas sortir d'un fort grand fonds d'humilité et de piété : *Non sunt profundissimae humilitatis et eximiae pietatis ac sapientiae indices** [69].

« On pardonnerait à ces philosophes d'autrefois, qu'on nommait académi-

la lettre à Darius, *Lettres*, CCXXXI. Saint Augustin, qui envoie les *Confessions* à son correspondant, déclare qu'il le trouvera dans ce livre tel qu'il est. Ce texte est naturellement produit dans les présentations des *Confessions*. Il accompagne, par exemple, la traduction de Goibaud Du Bois, Paris, 1686, pp. XXXI-XXXII.

67. Entendons : si bien ajusté.

68. *Retractationes*, II, VI, 4 : texte légèrement adapté.

69. Cette citation n'a pas été retrouvée.

ciens, de mettre tout dans le doute[70]. Mais qu'avait besoin Montaigne de s'égayer l'esprit en renouvelant une doctrine qui passe maintenant aux chrétiens pour une folie? *Talis dementia honestiores et uberiores litterae putantur. Incidi in homines*, dit saint Augustin, *superbe delirantes et loquaces, in quorum ore sunt laquei diaboli** [71]. C'est le jugement que saint Augustin fait de ces personnes. Car on peut dire après lui, de Montaigne, à l'égard de la jeunesse : *Magnus diaboli laqueus, et multi implicantur in eo per illecebram suaveloquentiae** [72]. Il met dans tout ce qu'il dit la foi à part; ainsi nous, qui avons la foi, devons de même mettre à part tout ce qu'il dit*. Je ne blâme point l'esprit de cet auteur, qui est un grand don de Dieu; mais il pouvait s'en servir mieux, et en

70. Saint Augustin fait l'éloge des académiciens aux dépens des manichéens, considérés comme des « dogmatistes ». Mais il a écrit aussi un *Contra Academicos*.

71. Ces deux citations renvoient aux *Confessions*, successivement I, XIII, 21; III, VI, 10 (où le texte complet porte *delirantes, carnales nimis et loquaces*).

72. *Ibid.*, III, III, 3, à propos de l'évêque manichéen Fauste. Il faudrait évidemment « *suaviloquentiae* ».

faire plutôt un sacrifice à Dieu qu'au démon : *Celeritatem intelligendi et disputandi acumen donum tuum est, sed non inde sacrificabam tibi,* dit saint Augustin*[73]. *Neque enim uno modo sacrificatur transgressoribus angelis**[74]. A quoi sert un bien, quand on en use si mal? *Quid proderat bona res non utenti bene? quid proderat ingenium per illas doctrinas agile**[75]? dit de lui ce saint docteur avant sa conversion.

« Vous êtes heureux, Monsieur, de vous être élevé au-dessus de ces personnes qu'on appelle des docteurs plongés dans l'ivresse, *ebriis doctoribus**[76], mais qui ont le cœur vide de la vérité, *ceterum cor inane veri**[77]. Dieu* a répandu dans votre cœur d'autres douceurs et d'autres

73. Retour au chapitre où saint Augustin évoque son étude des *Catégories* d'Aristote, *Confessions*, IV, XVI, 30, qui porte évidemment le nominatif *celeritas*, seul correct. Les éditions modernes donnent *dispiciendi* au lieu de *disputandi*.. Ajouter IV, II, 3 : « *Sacrificari pro me nollem daemonibus, quibus me illa superstitione ipse sacrificabam.* »

74. *Ibid.*, I, XVII, 27.

75. *Ibid.*, IV, XVI, 30 et 31.

76. *Ibid.*, I, XVI, 26. Ces docteurs font lire des poètes qui rapportent les amours impudiques des dieux païens.

77. *Ibid.*, III, VI, 10, à propos des manichéens.

attraits[78] que ceux que vous trouviez dans Montaigne. Il vous a rappelé de ce plaisir dangereux, *a jucunditate pestifera*[79], dit saint Augustin, qui rend grâces à Dieu de ce qu'il lui a pardonné les péchés qu'il avait commis en goûtant trop les vanités : *in eis vanis peccata delectationum mearum dimisisti mihi** [80]. Saint Augustin est d'autant plus croyable en cela qu'il était autrefois dans ces sentiments ; et comme vous dites de Montaigne que c'est par ce doute universel qu'il combat les hérétiques de son temps, c'est aussi par ce même doute des académiciens que saint Augustin quitta l'hérésie des manichéens : *Suborta est mihi cogitatio prudentiores fuisse illos philosophos quos Academicos appellant quod de omnibus dubitandum esse censuerunt, nec aliquid veri deprehendi posse ab homine decreverunt. Itaque Academicorum more dubitans de omnibus atque inter omnia*

78. Ces images, comme l'idée de la « délectation » de la grâce à laquelle elles se rattachent, apparaissent fréquemment chez saint Augustin.
79. *Confessions*, I, XIV, 23.
80. *Ibid.*, I, XV, 24.

*fluctuans, Manichaeos relinquindos esse decrevi**[81].

« Depuis qu'il fut à Dieu, il renonça à ces vanités qu'il appelle sacrilèges, et fit ce qu'il dit de quelques autres : *Occidunt se tibi salubriter prostrati et elisi, et trucidant exaltationes suas sicut volatilia, et curiositates suas sicut pisces maris**[82]. Il reconnut avec quelle sagesse saint Paul nous avertit de ne nous pas laisser séduire par ces discours : *Videte ne quis vos seducat per philosophiam et inanem seductionem**[83]. Car il avoue qu'il y a en cela un certain agrément qui enlève : *Fiebat acceptius magisque seductorium moderamine ingenii, et quodam lepore naturali**[84]. On croit quelquefois les choses véritables, seulement parce qu'on les dit éloquemment. Ce sont des viandes dangereuses, dit-il, mais que l'on sert en de beaux plats, *dulcissime vani*

81. *Ibid.*, V, x, 19 ; puis xiv, 25, avec retouches.

82. *Ibid.*, V, iii, 4, avec interpolation de *salubriter prostrati et elisi*, emprunté à IV, i, 1.

83. *Ibid.*, III, iv, 8, d'après Col. II, 83, à propos de la lecture de l'*Hortensius* de Cicéron.

84. *Ibid.*, V, vi, 11, à propos de Fauste.

*sunt**[85]. Mais ces viandes, au lieu de nourrir le cœur, le vident : *nec nutriebar ex eis, sed exhauriebar magis**[86]. On ressemble alors à des gens qui dorment, et qui croient manger en dormant : ces viandes imaginaires les laissent aussi vides qu'ils étaient. M. de Sacy dit à M. Pascal plusieurs choses semblables. Sur quoi il lui dit que, s'il lui faisait compliment de posséder bien Montaigne et de le savoir bien tourner, il pouvait lui dire sans compliment qu'il possédait bien mieux saint Augustin, et qu'il le savait bien mieux tourner, quoique peu avantageusement en faveur du pauvre Montaigne. Il lui avoua* être extrêmement édifié de la solidité de tout ce qu'il venait de lui représenter. Cependant, étant encore tout plein de son auteur, il ne put se retenir et lui dit :

« Je vous avoue pourtant, Monsieur, que je ne puis voir sans joie dans cet auteur la superbe raison si invincible-

85. *Ibid.*, I, XIV, 23 : « *dulcissime vanus est.* »

86. L'image, qui se soude parfaitement à la précédente, a pour origine, *ibid.*, III, VI, 10.

ment froissée par ses propres armes[87], et cette révolte si sanglante de l'homme contre l'homme, qui, de la société avec Dieu, où il s'élevait par les maximes des stoïques*, le précipite dans la nature des bêtes par celles des pyrrhoniens*[88]. Et j'aurais aimé de tout mon cœur le ministre d'une si grande vengeance, si, étant disciple de l'Église par la foi, il eût suivi ses règles dans la morale, en portant les hommes, qu'il avait si utilement humiliés, à ne pas irriter par de nouveaux crimes celui qui peut seul les tirer de ceux qu'il les a convaincus de ne pouvoir pas seulement connaître. Mais il agit au contraire en païen, et de cette sorte.

De ce principe, dit-il, que hors de la foi tout est dans l'incertitude, et considérant combien* il y a que l'on cherche le vrai et le bien sans aucun progrès vers la tranquillité[89], il conclut qu'on en doit laisser le soin aux autres : *Quaerite quos*

87. *Essais*, II, XII, p. 448.
88. La continuité est rigoureuse entre ce début du second discours de Pascal et la fin du premier.
89. III, XIII, p. 1068.

*agitat mundi labor**[90], et demeurer cependant en repos, coulant légèrement sur les sujets de peur d'y enfoncer en appuyant[91] ; et prendre le vrai et le bien sur la première apparence, sans les presser, parce qu'ils sont si peu solides que, quelque peu qu'on serre la main, ils s'échappent entre les doigts et la laissent vide[92].

« C'est pourquoi il suit le rapport des sens et les notions communes, parce qu'il faudrait qu'il se fît violence pour les démentir, et qu'il ne sait s'il gagnerait, ignorant où est le vrai[93]. Ainsi il fuit la douleur et la mort, parce que son instinct l'y pousse, et qu'il ne lui veut pas résister par la même raison, mais sans en conclure que ce soient de véritables maux, ne se fiant pas trop à ces mouvements naturels de crainte, vu qu'on en sent d'autres de

90. Lucain, *Pharsale*, I, 417 ; cité dans les *Essais*, III, XIII, p. 1073.

91. III, X, p. 1005.

92. II, XII, p. 601.

93. Quelques rapprochements pourraient être ici proposés avec l'*Apologie de Raymond Sebond*, mais la démarche est proprement pascalienne.

plaisir qu'on dit être mauvais, quoique la nature parle au contraire[94].

« Ainsi, il n'a rien d'extravagant dans sa conduite[95]; il agit comme les autres; et tout ce qu'ils font dans la sotte pensée qu'ils suivent le vrai bien, il le fait par un autre principe, qui est que, les vraisemblances étant pareilles d'un et d'autre côté, l'exemple et la commodité sont les contrepoids qui l'emportent*[96].

« Il suit donc les mœurs de son pays[97] parce que la coutume l'entraîne*[98]. Il monte sur son cheval, comme un qui ne serait pas philosophe, parce qu'il le souffre, mais sans croire que ce soit de droit, ne sachant pas si cet animal n'a pas au contraire celui de se servir de lui[99].

« Il se fait aussi quelque violence pour éviter de certains vices ; et même il a gardé la fidélité due au mariage, à cause de la

94. Ces remarques peuvent être rattachées à l'essai III, XII, *De la physionomie*. Mais rien d'exactement semblable ne se lit chez Montaigne.

95. II, XII, p. 558.

96. II, XII, p. 505.

97. II, XII, p. 579.

98. III, V, p. 852.

99. II, XII, p. 461.

peine qui suit les désordres[100]; mais si celle qu'il prendrait surpasse celle qu'il évite, il y demeure en repos, la règle de son action étant en tout la commodité et la tranquillité.

« Il rejette donc bien loin cette vertu stoïque[101] qu'on peint avec une mine sévère, un regard farouche, des cheveux hérissés, le front ridé et en sueur, dans une posture pénible et tendue, loin des hommes, dans un morne silence, et seule sur la pointe d'un rocher : fantôme, à ce qu'il dit, capable d'effrayer les enfants, et qui ne fait là autre chose que de rechercher, avec un travail continuel, le repos où elle n'arrive jamais. La sienne est naïve, familière, plaisante, enjouée, et pour ainsi dire folâtre. Elle suit ce qui la charme, et badine négligemment des accidents bons et mauvais, couchée mollement dans le sein d'une oisiveté tranquille, d'où elle montre aux hommes, qui cherchent la félicité avec tant de peine, que

100. III, v, p. 852.

101. L'expression apparaît à la fin de l'*Apologie de Raymond Sebond*, II, xii, p. 604.

c'est là seulement où elle repose[102], et que l'ignorance et l'incuriosité sont deux doux oreillers pour une tête bien faite, comme il dit lui-même[103].

« Je ne puis pas vous dissimuler, Monsieur, qu'en lisant cet auteur et le comparant avec Épictète, j'ai trouvé qu'ils étaient assurément les deux plus illustres défenseurs des deux plus célèbres sectes du monde, et les seules conformes à la raison, puisqu'on ne peut suivre qu'une de ces deux routes, savoir : ou qu'il y a un Dieu, et lors y placer son souverain bien ; ou qu'il est incertain, et qu'alors le vrai bien l'est aussi, puisqu'il en est inséparable*.

« J'ai pris un plaisir extrême à remarquer dans ces divers raisonnements en quoi les uns et les autres sont arrivés à quelque conformité avec la sagesse véritable qu'ils ont essayé de connaître. Car, s'il est agréable d'observer dans la nature

102. Pascal s'inspire ici directement des *Essais*, en appliquant à la vertu ce qui était rapporté à la philosophie, et en présentant successivement deux images qui s'entremêlaient, I, XXVI, pp. 160-161.

103. III, XIII, p. 1073.

le désir qu'elle a de peindre Dieu dans tous ses ouvrages, où l'on en voit quelques caractères parce qu'ils en sont les images, mais remplis d'une infinité de défauts parce qu'ils n'en sont que les images*[104], combien est-il plus juste de considérer dans les productions des esprits les efforts qu'ils font pour imiter la vertu essentielle, même en la fuyant, et de remarquer en quoi ils y arrivent et en quoi ils s'en égarent, comme j'ai tâché de faire dans cette étude.

« Il est vrai, Monsieur, que vous venez de me faire voir admirablement le peu d'utilité que les chrétiens peuvent tirer de ces lectures philosophiques. Je ne laisserai pas néanmoins, avec votre permission, de vous en dire encore ma pensée, prêt néanmoins de renoncer à toutes les lumières qui ne me viendront pas de vous : en quoi j'aurai l'avantage, ou d'avoir rencontré la vérité par bonheur, ou de la recevoir de vous avec assurance.

« Il me semble que la source des erreurs

104. Expression reprise dans les *Pensées*, Laf. 934 ; Sell. 762.

de ces deux sectes est de n'avoir pas su que l'état de l'homme à présent diffère de celui de sa création[105]; de sorte que l'un, remarquant quelques traces de sa première grandeur et ignorant sa corruption, a traité la nature comme saine et sans besoin de réparateur, ce qui le mène au comble de la superbe ; au lieu que l'autre, éprouvant la misère présente et ignorant la première dignité, traite la nature comme nécessairement infirme et irréparable, ce qui le précipite dans le désespoir d'arriver à un véritable bien, et de là dans une extrême lâcheté.

« Ainsi ces deux états, qu'il fallait connaître ensemble pour voir toute la vérité, étant connus séparément, conduisent nécessairement à l'un de ces deux vices, d'orgueil ou de paresse, où sont infailliblement tous les hommes avant la grâce, puisque, s'ils ne demeurent dans leurs désordres par lâcheté, ils en sortent par vanité ; tant est vrai ce que vous venez

105. *Pensées*, Laf. 149 ; Sell. 182. Toute la suite du passage doit être mise en parallèle avec cette pensée, et aussi avec Laf. 208 ; Sell. 240.

de me dire de saint Augustin, et que je trouve d'une grande étendue. "*Non enim uno modo sacrificatur transgressoribus angelis**, etc. Car en effet on leur rend hommage en bien des manières[106]."

C'est donc de ces lumières imparfaites qu'il arrive que l'un, connaissant le devoir de l'homme et ignorant son impuissance, se perd dans la présomption, et que l'autre, connaissant l'impuissance et non le devoir, s'abat dans la lâcheté.

« D'où il semble que, puisque l'un a la vérité dont l'autre a l'erreur*, on formerait en les alliant une morale parfaite. Mais, au lieu de cette paix, il ne réussirait[107] de leur assemblage qu'une guerre et qu'une destruction générale : car l'un établissant la certitude et l'autre* le doute, l'un la grandeur de l'homme et l'autre sa faiblesse, ils ruinent les vérités aussi bien que les faussetés l'un de l'autre. De sorte qu'ils ne peuvent subsister seuls à cause de leurs défauts, ni s'unir à cause de leurs

106. *Confessions*, I, XVII, 27; déjà cité précédemment.

107. *Pensées*, Laf. 308; Sell. 339 : « De tous les corps ensemble on ne saurait en faire réussir une petite pensée. »

oppositions, et qu'ainsi ils se brisent et s'anéantissent pour faire place à la vérité de l'Évangile.

« C'est elle qui accorde ces contrariétés par un art tout divin* : unissant tout ce qu'il y a de vrai et chassant tout ce qu'il y a de faux, elle en fait une sagesse véritablement céleste, où s'accordent ces opposés qui étaient incompatibles dans ces doctrines humaines. Et la raison en est que ces sages du monde plaçaient ces contraires dans un même sujet ; car l'un attribuait la grandeur à la nature et l'autre la faiblesse à la même nature, ce qui ne pouvait subsister ; au lieu que la foi nous apprend à les mettre en des sujets différents ; tout ce qu'il y a d'infirme appartenant à la nature, tout ce qu'il y a de puissance appartenant à la grâce*.

« Voilà l'union étonnante et nouvelle qu'un Dieu seul pouvait enseigner, et que lui seul pouvait faire, et qui n'est qu'une image et un effet de l'union ineffable de deux natures dans la seule personne de l'Homme-Dieu.

« Je vous demande pardon, Monsieur,

dit M. Pascal à M. de Sacy, de m'emporter ainsi devant vous dans la théologie, au lieu de demeurer dans la philosophie, qui était seule mon sujet ; mais il m'y a conduit insensiblement ; et il est difficile de n'y pas entrer, quelque vérité qu'on traite, parce qu'elle est le centre de toutes les vérités ; ce qui paraît ici parfaitement, puisqu'elle enferme si visiblement toutes celles qui se trouvent dans ces deux opinions.

« Aussi je ne vois pas comment aucun d'eux pourrait refuser de la suivre. Car s'ils sont pleins de la pensée de la grandeur de l'homme, qu'en ont-ils imaginé qui ne cède aux promesses de l'Évangile, qui ne sont autre chose que le digne prix de la mort d'un Dieu ? Et s'ils se plaisaient à voir l'infirmité de la nature*, leur idée n'égale pas celle de la véritable faiblesse du péché, dont la même mort a été le remède. Ainsi tous y trouvent plus qu'ils n'ont désiré ; et ce qui est admirable, ils s'y trouvent unis, eux qui ne pouvaient s'allier dans un degré infiniment inférieur. »

M. de Sacy ne put s'empêcher de témoigner là à M. Pascal qu'il était surpris de voir comment il savait tourner les choses ; mais il avoua en même temps que tout le monde n'avait pas le secret comme lui de faire ces lectures avec des réflexions si sages et si élevées. Il lui dit qu'il ressemblait à ces médecins habiles qui, par la manière adroite de préparer les plus grands poisons, en savent tirer les plus grands remèdes. Il ajouta que, quoiqu'il vît bien, par ce qu'il venait de lui dire, que ces lectures lui étaient utiles, il ne pouvait pas croire néanmoins qu'elles fussent de même avantageuses à beaucoup de gens dont l'esprit se traînerait un peu, et n'aurait pas assez d'élévation pour lire ces auteurs-là en juges*, et savoir tirer les perles du milieu du fumier, *aurum ex stercore Tertulliani**, disait un Père[108]. Ce qu'on pourrait bien plus dire de ces

108. Nous n'avons pas retrouvé l'origine de cette citation qui, appliquée à saint Cyprien, et mise dans la bouche de Saint-Cyran, apparaît déjà dans un passage antérieur des *Mémoires* de Fontaine, t. I, p. 177. L'image « *aurum ex stercore* », qui signifie proprement : tirer « l'or de sa gangue », est courante dans la littérature patristique, voir COURCELLE, *op. cit.*, pp. 60, 109-110 et 111, n. 16.

philosophes, dont le fumier, par sa noire fumée, pourrait obscurcir la foi chancelante de ceux qui les lisent : *ex multo fumo scintillantem fidem**[109]. C'est pourquoi il conseillerait toujours à ces personnes de ne pas s'exposer légèrement à ces lectures, de peur de se perdre avec ces philosophes, et de devenir le jouet* des démons et la pâture des vents*[110], selon le langage de l'Écriture, comme ces philosophes l'ont été : *Quid est aliud pascere ventos quam ipsos daemones, hoc est errando eis esse voluptati atque derisui**[111] ?

« Pour l'utilité de ces lectures, dit M. Pascal, je vous dirai fort simplement ma pensée. Je trouve dans Épictète un art incomparable pour troubler le repos de ceux qui le cherchent dans les choses extérieures[112], et pour les forcer à connaître qu'ils sont de véritables esclaves[113]

109. *Confessions*, IV, II, 2.

110. Prov., X, 5 : *Qui nititur mendaciis pascit ventos.*

111. *Confessions*, IV, II, 3.

112. L'idée d'ensemble, et la formule « choses extérieures » proviennent bien d'Épictète, mais il est difficile d'évoquer un passage précis.

113. L'image, rendue par « serf » dans la traduction de

et de misérables aveugles[114]; qu'il est impossible qu'ils trouvent autre chose que l'erreur et la douleur qu'ils fuient, s'ils ne se donnent sans réserve à Dieu seul[115].

Montaigne est incomparable pour confondre l'orgueil de ceux qui, hors la foi, se piquent d'une véritable justice ; pour désabuser ceux qui s'attachent à leurs opinions, et qui croient trouver dans les sciences des vérités inébranlables ; et pour convaincre si bien la raison de son peu de lumière et de ses égarements qu'il est difficile, quand on fait un bon usage de ces principes, d'être tenté de trouver des répugnances dans les mystères[116]. Car l'esprit en est si battu qu'il est bien éloigné d'oser* juger si l'Incarnation ou le mystère de l'Eucharistie sont possibles, ce que les hommes du commun n'agitent que trop souvent*.

« Mais si Épictète combat la paresse,

dom Jean de Saint-François (par exemple *Propos*, IV, I, p. 535), est fréquente chez Épictète.

114. *Ibid.*, III, XXII.

115. *Ibid.*, II, XVI.

116. L'idée peut se rattacher de loin à plusieurs passages de l'*Apologie de Raymond Sebond*.

il mène à l'orgueil, de sorte qu'il peut être très nuisible à ceux qui ne sont pas persuadés de la corruption de la plus parfaite justice qui n'est pas de la foi. Et Montaigne est absolument pernicieux à ceux qui ont quelque pente à l'impiété et aux vices. C'est pourquoi ces lectures doivent être réglées avec beaucoup de soin, de discrétion et d'égard à la condition et aux mœurs de ceux à qui on les conseille. Il me semble seulement qu'en les joignant ensemble, elles ne pourraient pas réussir fort mal, parce que l'une s'oppose au mal de l'autre : non qu'elles puissent donner la vertu, mais seulement troubler dans les vices : l'âme se trouvant combattue par ces contraires, dont l'un chasse l'orgueil et l'autre la paresse, et ne pouvant reposer dans aucun de ces vices par ces raisonnements, ni aussi les fuir tous. »

Ce fut ainsi que ces deux personnes d'un si bel esprit s'accordèrent enfin au sujet de la lecture de ces philosophes, et se rencontrèrent au même terme, où ils arrivèrent néanmoins d'une manière un peu différente : M. de Sacy y étant venu tout d'un coup par la claire vue des principes* du christianisme, et M. Pascal n'y étant arrivé qu'après beaucoup de détours en s'attachant aux principes de ces philosophes.

Lorsque M. de Sacy et tout Port-Royal des Champs étaient ainsi occupés de la joie que causaient la conversion et la vue de M. Pascal et qu'on y admirait la force toute-puissante de la grâce qui s'était si* humblement soumis cet esprit si élevé de lui-même par une miséricorde dont il y a peu d'exemples, on le fut encore bien plus, presque au même temps, du changement presque miraculeux d'une autre personne, qui combla de joie tout ce désert[117]. Je me sens encore tout transporté et hors de moi maintenant par le souvenir de la consolation infinie que Dieu nous donna à tous par cette conversion.

. . . .

117. Il s'agit de M. Richer, avocat, qui vint s'établir à Vaumurier, chez le duc de Luynes.

Appendice

SUR QUELQUES LEÇONS REMARQUABLES DU MANUSCRIT ORIGINAL

*Par rapport au texte critique de l'*Entretien *présenté en 1991 au tome III de l'édition de* Pascal, Œuvres complètes, Bibliothèque européenne, Paris, Desclée de Brouwer, pp. 76-157, *la découverte du manuscrit original des* Mémoires *de Fontaine, tout en confirmant certaines conjectures, a contraint d'introduire plus de 140 leçons nouvelles. Une bonne moitié d'entre elles n'appellent pas de commentaire spécial. Mais celles d'une autre moitié nous ont paru mériter d'être mises en valeur ou interprétées. Nous y avons ajouté quelques rares rédactions biffées dans l'original, parce qu'elles permettent de juger la méthode de travail de Fontaine. Les unes et les autres sont signalées au cours du texte par des astérisques renvoyant au présent appendice, où elles sont rangées par pages. Lorsque plusieurs astérisques se succèdent dans une même page, il n'est que de suivre l'ordre du texte.*

Nous négligeons toutes les interventions sur le manuscrit postérieures à celles de Fontaine.

*Nous désignons par « les copies » tous les textes de l'*Entretien *hors l'original, même ceux qui se présentent* *imprimés, comme les éditions du P. Desmolets (1728) et de Tronchai (1736). Il va de soi que la responsabilité du texte corrompu incombe le plus souvent à un copiste primitif, dont le travail est perdu et dont relèvent, directement ou indirectement, tous les autres.*

On trouvera, pour les copies, un apparat critique très étoffé dans l'édition déjà mentionnée.

Rappelons que le texte suivi dans la présente édition est ramené à l'orthographe moderne. Les paragraphes du manuscrit original (souvent découpés autrement que dans les copies) sont respectés. On signalera une fois pour toutes que Fontaine écrit Saci *(et non* Sacy, *qui est devenu plus habituel),* Montagne *(et non* Montaigne*),* Champagne *(et non* Champaigne*).*

*
* *

P. 82

* Pour entretenir... dont j'ai parlé. *Dans les copies, ce début de phrase est indûment considéré comme la fin de la précédente.*

* qui avaient en lui plus de confiance. *Manque dans les copies.*

P. 83

* des autres. *Les copies donnent par erreur* des disputes.

* voir. *Les copies sont confuses. Les meilleures portent* le voir étudier. *Le texte original est évidemment seul correct. Ce verbe* voir *dépend d'un autre* voir *situé six lignes plus haut. Langage peu châtié.*

P. 84

* automate. *Dans l'original (mais non dans les copies), le mot est écrit selon la prononciation du grec moderne :* aftomate. *Trait d'humanisme archaïque de la part de Fontaine.*

P. 85

* de M. Descartes... la tête baissée. *Ce jugement sévère sur les cartésiens de Port-Royal manque dans les copies, qui, pour rétablir l'équilibre de la phrase, suppriment aussi les mots immédiatement suivants.*

P. 86

* horrible. *Les copies donnent :* visible. *Volonté évidente d'atténuation.*

P. 87

* un bel ensemble. *Les copies donnent :* un tel exemple ; *ce qui ne convient pas au contexte.*

P. 88

* *Cette citation, dans les copies, est réduite au premier mot :* Infinita, etc. : *ce qui ne suffisait pas pour en retrouver la teneur et l'origine.*

P. 89

* près de. *L'expression est plus exacte que le* plus de *qui figure dans les meilleures copies, et même que le* pendant *qui constitue sans doute, dans les autres, une rectification. La maladie alléguée s'étendit principalement sur les années 1647 et 1648.*

P. 92

* la guérison des plaies. *Les plus anciennes copies, tributaires d'une faute d'étourderie, répétaient le* médecine *des lignes précédentes. D'autres, plus récentes, ont substitué, par souci de cohérence,* chirurgie. *La leçon authentique était introuvable.*

P. 94

* Mon fils est-il mort ? *Les copies portent* ... est mort. *De même ensuite :* Ma femme est morte *(seul G conserve* est-elle, *qui, isolé, devient incohérent).*

* qui. *Fontaine a ajouté ce pronom en interligne.*

P. 95

* terribles. *Les copies ont atténué le mot en* insupportables. *L'adjectif* terrible *est employé dans la traduction d'Épictète suivie par Pascal.*

P. 97

* sent. *Les copies reprennent le verbe* sait *qui précède. Mais ce verbe convient pour l'esprit, non pour la volonté.*

P. 98

* ami. *Ce mot tout simple, et très conforme à l'usage d'Épictète, qui emploie souvent l'expression* ami de Dieu, *n'a pas été déchiffré par les copies, qui l'ont, dans le meilleur des cas, remplacé par* ainsi.

P. 100

* s'emporte. *Toutes les copies, si l'on laisse de côté une ou deux corrections tardives par conjecture, donnent* l'emporte, *ce qui n'a pas grand sens et contredit le texte correspondant de Montaigne.*

* qu'il doute. *Ces trois mots sont omis dans toutes les copies : conséquence d'un saut du même au même qui crée un non-sens. L'addition, suggérée d'abord par Pierre Villey, est imposée d'une manière décisive par le manuscrit original.*

* les. *Les copies donnent* se.

* trouvent. *Fontaine a écrit :* trouve.

P. 101

* y. *Les copies donnent* bien. *Fontaine avait d'abord écrit :* d'y, *puis a biffé* d'.

P. 102

* qu'on les pèse. *Le manuscrit original permet de trancher de la manière la plus heureuse entre la grande diversité de leçons fournies par les copies.*

P. 103

* posté. *Cette leçon, de loin meilleure que* porté *suivi par la plupart des éditeurs, est définitivement confirmée.*

P. 105

*l'innombrable variété d'avis qu'on en a produits. *Voilà le texte limpide qu'empêchaient de reconnaître des copies certes exactes au début :* l'innombrable, *mais corrompues à la fin* : quand on en a produit, *et d'une incroyable discordance dans la partie centrale.*

* la méconnaître. *Le texte original confirme une conjecture tardive, étrangère à la tradition des copies.*

* que deux et trois sont six qu'elle fait ensuite que c'est cinq. *Les copies donnent* ... font six ... qu'elle sait ensuite... *L'original est plus hardi, mais, la confusion étant fréquente entre* f *et* s, *les corrections des copies ne sont pas nécessairement à écarter.*

P. 107

* certain ou douteux. *Les copies portent :* incertain ou certain.

* lettres. *Texte des copies :* l'être. *Le texte original offre une tout autre portée, et les rapprochements qu'il impose avec Montaigne sont très suggestifs.*

P. 108

*C'est, etc. *Les hésitations des copies sont levées par l'original.*

* unité, vrai, bien. *Les copies portent :* vérité, bien.

P. 109

* hors la révélation... vu que. *Passage omis dans les copies (saut du même au même).*

* et même si la vie... elle-même un songe. *Passage omis dans les copies (saut du même au même).*

P. 110

* comme il me... M. Pascal. *Passage supprimé dans les copies.*

* *Le latin est omis dans les copies.*

P. 111

* *La citation est omise dans les copies.*

* *La double citation est omise dans les copies.*

* Ibi me vide, ibi me attende. *Les copies portent :* Ibi me vide, attende.

P. 112

* *Citation absente des copies.*

* *Citation absente des copies.*

P. 113

* *Double citation absente des copies.*

* *Citation absente des copies.*

* *Dans les copies, cette phrase se trouve, de fait, rapportée à saint Augustin.*

P. 114

* *Citation absente des copies.*

* *Citation absente des copies.*

* *Dans les copies, la citation est réduite aux premiers mots :* Quid proderat, etc.

* *Citation absente des copies, mais qui avait été perçue comme sous-jacente par Pierre Courcelle.*

* *Le texte latin est absent des copies.*

* Dieu. *Avant ce mot, Fontaine avait d'abord écrit* Dautr, *qu'il a biffé.*

P. 115

* *Citation absente des copies, donnée en note par Pierre Courcelle.*

P. 116

* *Double citation absente des copies, donnée partiellement en note par Pierre Courcelle.*

** Citation absente des copies, non retrouvée par Pierre Courcelle.*

** Citation absente des copies, donnée en note par Pierre Courcelle.*

** Citation absente des copies, non indiquée par Pierre Courcelle.*

P. 117

** Citation absente des copies, non indiquée par Pierre Courcelle.*

** Citation absente des copies, donnée en note par Pierre Courcelle.*

** avoua. Leçon particulière à l'original. La plupart des copies donnent :* parut.

P. 118

* des stoïques. *Leçon particulière à l'original. La copie primitive avait sans doute lu, ou laissé lire :* des faibles ; *d'où les copistes suivants ont tiré des conjectures variées.*

* par celles des pyrrhoniens. *Passage supprimé (ou, dans un cas, reconstitué très fautivement) dans les copies.*

* combien. *Fontaine avait d'abord fait précéder cet adverbe de* bien que, *qu'il a ensuite biffé. Deux copies, par inadvertance, et sans doute à la suite d'une interprétation erronée de cette retouche, donnent le texte :* bien combien.

P. 119

** Citation omise dans les copies.*

P. 120

* emportent. *Les copies mettent :* entraînent, *sauf l'une des plus anciennes, qui, ensuite, saute une ligne jusqu'après* entraîne. *Signe de confusion dans la copie primitive, aboutissant à l'inversion des deux verbes dans les autres copies.*

Le passage à la ligne n'est ici marqué que par un grand espace.

* *entraîne. Fontaine avait d'abord mis le verbe au pluriel, puis a biffé* nt.

P. 122

* inséparable. *Les copies donnent :* incapable, *beaucoup moins satisfaisant.*

P. 123

* mais remplis... que les images. *Passage omis dans les copies (par saut du même au même).*

P. 125

* *Le texte latin est omis dans les copies. Il a été retrouvé par Pierre Courcelle. Le renvoi à des propos précédemment tenus apparaît incohérent dans les copies, où ces propos n'ont pas été rapportés. L'original rétablit la clarté.*

* *l'un a la vérité dont l'autre a l'erreur. Une grande confusion règne ici dans les copies, où dominent deux leçons;* l'un est la vérité, l'autre l'erreur ; *et* l'un conduit à la vérité, l'autre à l'erreur. *Par une conjecture très ingénieuse, Joseph Bédier avait proposé :* l'un est la vérité où l'autre est l'erreur. *La leçon originale est beaucoup plus brillante. Elle met en valeur la hardiesse du style de Pascal, et un sens de la brièveté signifiante qui va jusqu'aux frontières de l'incorrection. C'est ici, à notre avis, la plus belle révélation du manuscrit original.*

* l'autre le doute. *Fontaine avait d'abord écrit :* l'autre la détruisant en établissant le doute, *puis il a biffé, d'un trait léger, la partie centrale. La glose, si c'en était une, aurait été très fâcheuse, puisqu'elle créait, sans aucun profit, une double répétition.*

P. 126

* un art tout divin. *Fontaine avait d'abord fait suivre ces mots, sans doute par étourderie, de* et qui, *qu'il a ensuite biffé d'un léger trait.*

* *Passage à la ligne marqué par un grand espace.*

P. 127

* la nature. *Fontaine a écrit au-dessus, en petits caractères et en abrégé,* l'homme, *sans aucune biffure. Suggestion d'une autre rédaction?*

P. 128

* ces auteurs-là en juges. *Texte des copies :* ces auteurs et en juger. *La supériorité de l'original est éclatante.*

* Tertulliani. *Sur l'original avait été d'abord portée la leçon* Quintiliani, *que Fontaine a corrigée après coup de sa propre main. La plupart des copies portent* Tertulliani ; *les autres ont omis, soit le mot, soit le passage.*

P. 129

* *Citation absente des copies.*

* *La copie primitive portait :* l'objet, *terme peu satisfaisant, auquel les éditeurs anciens (Desmolets, Tronchai) ont substitué :* la proie, *ce qui est paléographiquement inacceptable.*

* la pâture des vents. *Les copies donnent la leçon banale, et peu appropriée :* la pâture des vers.

* *Citation absente des copies.*

P. 130

* d'oser. *Les copies donnent :* de vouloir.

* *Passage à la ligne marqué par un grand espace.*

P. 132

* des principes. *Manque dans les copies.*

* s'était si. *Les copies portent* : avait.

Table

Achevé d'imprimer le 10 février 1994
dans les ateliers de Normandie Roto Impression s.a.
61250 Lonrai
pour le compte des Éditions Desclée de Brouwer
N° d'imprimeur : I3-2588
Dépôt légal : février 1994

Imprimé en France